KB266011

진심으로 판다는 것이 무엇인지 보여주는 새로운 고전.

—크리스 와이드너Chris Widener (《영향력》 저자)

진심 어린 태도와 소통 의지가 어떻게 세일즈의 성공을 좌우하는지 보여주는 경이로운 책. 판매왕이 되는 새로운 방법이 여기 있다.

—니도 쿠베인Nido Qubein (하이포인트대학교 총장)

이 책은 초일류 세일즈의 핵심을 밝혀낸다. 바로, 상대를 먼저 생각하고 다수의 삶에 특별한 가치를 전하는 것이다. 성공한 사람들은 그 방법을 알고 있다. 부유하고 충만한 삶을 이룩하고 싶다면 이 책을 펼쳐라.

—마이클 포트Michael Port (경영 컨설턴트, 《배짱으로 서비스 하라》 저자)

'기버'로 브랜딩하는 순간, 당신을 찾는 사람들이 많아지고 고객은 더 늘어날 것이며 훨씬 더 나은 인생을 살 것이다.

—댄 쇼벨Dan Schawbel (퓨처 워크플레이스 연구 이사, 《Me 2.0》 저자)

타인에게 진정한 가치를 선사하려는 이를 위한 비범한 책이다. 비즈니스뿐 아니라 삶과 인간관계 전반에 시대를 초월하는 통찰을 건네는 고전이다.

—사라 밀러 칼디코트Sarah Miller Caldicott (《컨버전스 혁신》 저자)

큰 깨달음을 건네는 황금 같은 책이다.

—찰스 M. 캐럴Charles M. Carroll (제7회 국제요리올림픽 금메달 수상자)

간단하고 실용적이며, 성공으로 나아가는 청사진을 제시한다.

—룰라 로이 알라포이아니스Loula Loi Alafoyiannis (유로아메리칸 여성 위원회 창립자)

성공학의 고전으로 불리는 오그 만디노의 《위대한 상인의 비밀》과
어깨를 나란히 하는 책이다.

—아짐 자말Azim Jamal, 하비 매키넌Harvey McKinnon

《주는 것의 힘The Power of Giving》 저자)

세일즈를 꺼림칙한 필요악으로 여겨온 우리에게 선을 행하면서도
성공을 거둘 수 있다는 사실을 따뜻하게 일깨워준다.

—제니퍼 쿠셸Jennifer Kushell

《성공한 청년들의 비밀Secrets of the Young & Successful》 저자)

이 책은 비즈니스에 대한 관점을 완전히 바꿔놓고, 당신의 인생을
성공으로 이끌 것이다.

—캐머런 존슨Cameron Johnson (《당신이 주도하라You Call the Shots》 저자)

기버는 호황기든 불황기든 더 많이 판다. 원칙에 충실하게 산다고
해서 이익이 줄어드는 게 아니라 바로 그 원칙 덕분에 이익을 얻는
다는 사실을 이 책을 통해 깨닫게 될 것이다.

— 프랭크 매키니Frank McKinney (《탭The Tap》 저자)

THE GO-GIVER 2

THE GO-GIVER

자동으로
사게 만드는
영향력의 법칙

밥 버그 · 존 데이비드 만
조주희 옮김

2

더 기 버

O'FAN HOUSE

《더 기버 1》을 진심으로 아껴주고

우리의 소소한 이야기를 기꺼이 많은 이들과 나눠온

충실한 독자들에게 이 책을 바친다.

차례

2부　보상의 법칙

3부　영향력의 법칙

4부　진정성의 법칙

5부   수용의 법칙

중요한 건 내가 아니라 상대방이다

"난 세일즈엔 정말 소질이 없어!"

누군가 이렇게 말하는 걸 들어본 적 있는가? 아니면 스스로 말해본 적이 있는가? 평소 정말 자주 듣는 말이다. 세일즈를 업으로 삼고 있지 않은 사람들은 거의 모두 이렇게 생각한다. "난 절대 영업은 못할 거야."

사실, 세일즈가 직업인 사람들조차 속으로는 비슷하게 생각한다.

이렇게 느끼는 데는 이유가 있다. 사람들 대부분은 세일즈를 거꾸로 바라보고 있다. 흔히들 세일즈를 사람들을 설득하여 원하지 않는 일을 억지로 하게 만드는 것으로 여긴다. 하지만 세일즈는 그런 게 아니다. 세일즈란, 사람들이 **정말 원하는** 일을 제대로 이해하여 그걸 할 수 있도록 돕는 일이다. 세일즈를 상대방을 이용해 이득을 취하는 일이라 생각하기 쉽지만, 사실은 **상대방이 더 많은 이득을 얻도록** 돕는 일이다.

세일즈에 관한 가장 큰 착각은 세일즈가 다른 사람에게서 무언가를 **얻어내려는** 행위라는 생각이다. 하지만 최고의 세일즈, 다시 말해 가장 효과적인 세일즈는 정반대다. 세일즈란, 바로 **주는 것이다.**

무엇을 준다는 걸까? 당신의 시간과 관심, 조언과 교육, 그리고 공감과 **가치를** 주는 것이다. 실제로 판매를 뜻하는 'sell'이라는 단어는 고대 영어 'sellan'에서 유래했는데, 이는 (짐작했겠지만) '주다give'라는 뜻이다.

하지만 세일즈를 이런 식으로 생각하는 이들은 많지 않다. 대부분 세일즈란 특정 기술과 기법을 배우고 익혀서 내 상품을 상대방 손에 쥐여주고, 그들의 돈을 내 주머니로 가져오는 과정으로 알고 있다. **잠재 고객을 발굴하기** 위한 대화와 **고객 선별 질문**에서부터, **거절을 극복하고 거래를** 성사시키기까지, 판매 과정의 모든 단계가 이미 매뉴얼처럼 정리되어 있다. 많은 이들이 단지 이런 기법을 제대로 배우고 부지런히 연습하기만 하면 누구나 세일즈에서 성공을 거둘 수 있다고 믿는다.

이론은 그럴싸하다. 하지만 실제로는 어떨까?

현실에서는, 수많은 기업가, 소상공인, 회사 영업사원, 판매 대리인 등 무언가를 팔아야 하는 위치에 있는 사람들 **대부분이 영업과 판매에서 어려움을 겪는다.**

이런 어려움은 파는 상품에 대한 믿음이 없어서 생기는 게 아니다. 실제로 많은 세일즈 종사자들에게는 자신이 파는 것에 진심 어린 확신이 있다. 자신의 상품이나 서비스가 다른 사람의 삶에 가치를 더할 것이고, 그 대가로 자신과 가족의 삶을 지탱할 수 있을 거라는 기대감에 설렌다.

하지만 막상 팔려고 하면 이야기가 달라진다. 많은 사람이 자신은 판매에 소질이 없다고 느낀다. 성과에 대한 압박감에 짓눌리기도 하고, 세일즈 과정에서 누군가를 설득하거나 권유해야 하는 상황 자체를 불편해한다. 자신이 누군가에게 억지로 권유받는 걸 싫어하듯, 상대도 분명 같은 불편함을 느낄 것으로 생각하기 때문이다.

즉, 팔고는 싶은데, '영업 모드'로 들어가고 싶지는 않은 것이다.

혹시 당신 얘기처럼 들리는가? 그렇다면 이제부터 펼쳐질 내용에 꽤 의외라고 생각할 것이다. 어쩌면 이 책의 접근법은 당신이 지금까지 배워온 세일즈 방식과 완전히 정반대일지도 모른다. 예를 들면 이렇다.

- 일반적으로는 어려운 계약을 성사시키기 위해 인센티브를 제시하거나, 판매 이후에 부가적인 가치를 더하는 경우가 많다. 하지만 기버의 세일즈는 **처음부터** 가치 제공에 초점을 두며, 그것을 전 과정의 핵심 목표로 삼는다.

- 전통적인 세일즈에서는 '클로징', 즉 거래 성사 시점을 세일즈 과정의 절정으로 본다. 하지만 기버는 '오프닝', 시작 단계에 집중한다.

- 보통 세일즈를 **말하는** 일로 생각하지만 기버는 말하기보다 **듣기**에 더 많은 시간을 쓴다.

- 기존의 세일즈는 상품을 어떻게 효과적으로 **보여줄지**에 초점을 맞춘다. 기버는 **좋은 질문**을 던지고, 대화의 초점을 항

상 상대방에 맞추는 것에 집중한다.

- 전통적인 세일즈는 '판매를 이끌어내면' 성공, '거절당하면' 실패로 본다. 기버는 애초에 판매를 억지로 이끌어내는 건 불가능하다는 전제에서 출발한다. 그럼에도 기버의 방식은 판매 여부와는 상관없이 언제나 긍정적인 결과로 이어지도록 설계돼 있다.

전통적인 세일즈 방식과 기버 접근법의 가장 큰 차이는 바로 **통제권**에 있다. 전통적인 세일즈는 정교하게 다듬어진 기법과 여러 절차를 통해 영업사원이 통제권을 쥐는 구조다. 하지만 이런 구조는 누구도 만족시키지 못한다. 누군가 나를 통제하려 하는 걸 반기는 이는 없고, 솔직히 말해 통제하는 쪽도 결코 즐겁다고 할 수 없다.

전통적인 세일즈 과정은 대체로 다음과 같은 구체적이고 통제된 프로세스로 이루어진다.

잠재 고객 발굴 → 고객 자격 확인 → 프레젠테이션 → 거절 극복하기 → 계약 성사 → 후속 관리 → 고객 서비스

반면, 기버의 접근법은 다르다. 우리가 생각하는 세일즈 과정은 이렇다.

가치 창출 → 사람들의 삶에 긍정적인 영향 주기 → 네트워크 구축 → 진정성 있는 행동 → 열린 마음 유지

이 다섯 단계는《더 기버 1》에서 소개했던 '천문학적 성공을 이루는 다섯 가지 법칙'에 해당하며, 이 책 역시 그 법칙에 따라 다섯 파트로 이뤄져 있다. 책 곳곳에서 이 법칙과 더불어《더 기버 1》에서 등장했던 핀다, 조, 니콜, 에르네스토, 샘 로즌, 데브라 대븐포트의 말들을 인용할 것이다.

이 책은《더 기버 1》의 핵심 메시지에 바탕을 둔다.

받는 것에서 주는 것으로의 초점 전환은 단순히 멋진 삶이나 올바른 비즈니스 태도를 넘어서 매우 수익성 있는 선택이다.

관대함은 모든 배를 들어 올리는 밀물과 같다. 내 것만, 혹은 상대방 것만이 아니라 **모두**의 배를 띄운다.

주는 사람이 되는 것은 단순히 바람직한 사고방식에 그치는 것이 아니라 아주 실용적이기도 하다. '베풂의 법칙'을 이해하고 실천하는 사람들은 더 행복하고 충만한 삶을 살며, 동시에 가장 성공한 사람들로 손꼽힌다. 주는 사람, 즉 기버들은 실제로 **더 많이 판다.**

○ ○ ○

여기서 하나 고백할 것이 있다. 지금까지 얘기한 접근법은 우리가 만들어낸 게 아니다. 사실 이 책에서 설명하는 내용은 세상의 모든 탁월한 세일즈맨들에게서 볼 수 있는 방식이다.

성공을 이뤄낸 세일즈맨들과 함께 시간을 보내보면 놀라운 점을 발견할 수 있다. 그들이 뛰어난 이유는 수백 가지 영업 기법을 완벽하게 익혀서가 아니다. 물론 그들도 이런 기법들을 알고 있고, 고객에게 도움이 될 때는 활용하기도 한다. 하지만 훌륭한 세일즈맨들을 진정으로 탁월하게 만드는 것은 바로 온 마음을 다해 상대방에게 관심을 쏟는다는 사실이다.

이것이 바로 세일즈의 진실이다. 세일즈는 당신이 파는 상품도, 당신도 아닌, 전적으로 상대방에 관한 것이라는 사실이다.

정말로 위대한 세일즈맨들은 뛰어난 '거래 성사' 기술이나 화려한 프레젠테이션, 혹은 거절 의사를 밝힌 고객마저 단번에 사로잡는 말솜씨로 특별해진 것이 아니다. 그들은 어디서든 호감과 신뢰를 퍼뜨리기에 위대해졌다. 그들은 사람들의 삶을 더욱 풍성하게 하고, 기쁨을 주며, 가치를 더하고, 행복을 만들어낸다.

놀라운 점은, 이런 탁월한 세일즈맨들이 생각보다 훨씬 많다는 것이다. 사실, 어디에나 있다. 왜냐하면 세일즈가 특별히 복잡하거나 정교한 기술을 완벽히 익혀야 하는 영역이 아니기 때문이다.《더 기버 1》에서 데브라 대븐포트가 말한 대로다. "사람을 대하는 기술을 알고 싶나요? 그렇다면 본인 먼저 **사람**이 되십시오."

정말 좋은 소식 아닌가? 누구나 훌륭한 세일즈맨이 될 수 있다는 뜻이다! **당신도** 세일즈에서 성공할 수 있다.

어쩌면 이렇게 생각할지 모른다. '그러려면 외향적이고 재미있고 사교적인 성격을 타고나야 하지 않을까?' 아니다. 내성적인 사람도 깊은 인간관계를 맺고 가정을 꾸리며, 좋은 친구들을 사귄다. 뛰어난 세일즈맨이 되기 위해 '사람을 좋아하는 성격'이어야 하는 건 아니다. 오히려 세일즈 성공에 특화된 성격이나 기질이 있다는 생각 자체가 핵심을 완전히 놓치게 한다. 명심하라.

중요한 건 내가 아니라 **상대방**이다.

《더 기버 2》를 읽고 딱 이 한 문장만 기억한다고 해도, 우리로서는 책을 쓴 보람이, 당신에게는 책을 읽은 가치가 충분할 것이다. 이 원칙을 세일즈에서 실천하면 삶이 아예 달라진다. 거래 성사 여부와 상관없이 관계의 질과 상대방에게 제공할 가치에 초점을 맞추면, 더 만족스럽고 더 수익성 있는 교류가 이루어진다.

이 책의 메시지는 단순하다. 한마디로 "중요한 건 내가 아니라 상대방이다."

○ ○ ○

《더 기버 1》을 읽은 한 독자가 이렇게 물었다.

"핀다와 조 이야기, 참 좋았어요. 마지막에 모든 내용이 하나로 이어지는 부분이 특히 인상 깊었죠. 그런데 솔직히… 이런 내용이 정말 현실에서 통할까요?"

《더 기버 2》는 이 질문에 대한 우리의 대답이다.

매일 쏟아지는 헤드라인과 밤마다 방송되는 뉴스는 부와 권력을 쥔 부패한 사람들의 이야기로 우리의 시선을 뺏어간다. 하지만 진정으로 성공한 사람들 대부분은 카메라 렌즈가 닿지 않는 곳에서 핀다, 에르네스토, 니콜, 샘처럼 묵묵히 자신의 삶을 이어가고 있다.

부디 이 책의 내용을 당신이 직접 생활 속에서 시험하고 확인해보기를 바란다. 그리고 당신의 경험을 다른 기버들과 공유하면 좋겠다.

꼭 세일즈와 관련된 경험일 필요는 없다.《더 기버 2》는 단순히 더 많이 파는 법이 아니라 인생을 더 충실히 사는 법에 관한 책이기도 하다.《더 기버 1》에서 핀다가 조에게 말한 대로다. "이 가르침은 일에만 적용되는 게 아니야. 정말 바람직한 비즈니스 원칙은 삶의 모든 부분에 적용되지. 교우 관계든 결혼 생활이든 어디든 말이야."

당신이 대기업의 고객 담당자든, 프리랜서 판매 대리인이든, 소매점 점원이든, 당신만의 서비스를 마케팅하는 전문가이든, 어떤 형태로든 세일즈에 종사한다면 이 책은 당신을 위한 책이다.

세일즈와 관계없는 일을 한다고 해도 이 책은 당신을 위한 것이다. 일상에서 단 한 번이라도 누군가와 관계를 맺는 순간이 있다면, 이미 당신은 세일즈를 하고 있는 것이다. 세일즈를 배운다는 것은 결국 인간을 배우는 것이고, 세일즈를 이해한다는 건 관계의 작동 방식을 이해하는 것이다.

한 독자는《더 기버 1》을 읽고 쓴 글의 말미에 이렇게 덧붙였다.

나는 이 책을 열세 살짜리 아들에게 꼭 읽어보라고 건네주었다. 이 아이가 평생 세일즈와 관련된 일이나 자기 사업을 하지 않더라도, 이 책을 통해 훨씬 더 좋은 사람이 될 거라고 믿는다.

우리가 책에서 다루는 다섯 가지 원칙은 세일즈의 성공을 좌우하는 비결이지만, 동시에 진정한 우정과 파트너십, 결혼과 가족, 크고 작은 조직 운영 등에도 똑같이 적용된다. 성공적인 세일즈를 가능하게 하는 법칙은 좋은 인간관계를 가능하게 하는 법칙과 같을 수밖에 없다. 세일즈는 본질적으로 거래가 아니라 무엇보다 먼저 '인간적 연결'을 만들어내는 과정이기 때문이다.

만약 당신의 목표가 판매로 생계를 이어가는 것이라면, 그보다 더 높은 목표를 세우길 권한다. '생계 유지'라는 건 간신히 균형을 맞추거나 물 위에 가까스로 머리만 내놓고 있는 상태를 뜻한다. 하지만 겨우 물에 뜨는 데 그치겠는가? 당신은 충분히 더 높이 날아오를 수 있다.

물 위에 머리만 내놓으려고 하면 오히려 가라앉고 만

다. “그냥 먹고살 만큼만 벌면 돼”라는 태도는 세일즈에 치명적이다. 태도는 전염된다. 당신이 무엇을 팔든, 사람들은 당신이 전하는 ‘느낌’ 때문에 당신에게 끌리기도 하고 멀어지기도 한다. 사람들은 단지 상품을 사는 게 아니다. 그들은 영감을 받고 격려받고 어떤 방식으로든 변화되기를 원한다.

이 책의 목적은 당신이 단순히 ‘먹고사는’ 것을 넘어서, 진정으로 ‘번영’하도록 돕는 것이다. 다른 사람과의 만남을 통해 그들의 삶을 더 풍요롭게 하고, 그 과정에서 당신 자신과 주변 모든 사람의 삶까지 함께 풍성하게 하는 것이다. 목표는 단순히 안정된 생활이 아니라 ‘위대한 삶’을 살아가는 데 있다.

천문학적 성공을 이루는 다섯 가지 법칙

1. 가치의 법칙

당신의 진정한 가치는 당신이 받은 대가보다 얼마나 더 많은 가치를 제공하느냐에 달려 있다.

2. 보상의 법칙

당신의 소득은 당신이 얼마나 많은 사람에게 얼마나 많이 도움을 주는지에 정비례한다.

3. 영향력의 법칙

당신의 영향력은 타인의 이익을 얼마나 앞세우는지에 따라 결정된다.

4. 진정성의 법칙

당신이 줄 수 있는 가장 값진 선물은 당신 자신이다.

5. 수용의 법칙

제대로 주기 위해서는 받는 것에도 열려 있어야 한다.

1부

THE LAW

가치의 법칙

OF VALUE

1장

나는 가치를 창출하는 사람이다

"결코 얕보는 건 아니지만, 대체 어떻게 핫도그 가게가
동네의 고급 식당들을 앞지를 수 있는 거죠?"
—조

혹시 판매를 유도하는 비법을 배우기 위해 이 책을 펼쳤는가? 분명히 짚어둬야겠다. 이 책은 판매 스킬을 다루지 않는다. 이유는 간단하다. 판매는 억지로 **만들어낼 수 없기 때문이다.** 아무도 할 수 없다. 내가 원하는 일을 다른 사람이 억지로 하도록 할 수는 없는 법이다.

그렇다면 우리가 할 수 있는 건 무엇일까? 바로, 상대방이 구매 결정을 내릴 때, 자연스럽게 판매까지 이어질

수 있는 맥락을 만들어주는 것이다. 같은 말이 아니냐고? 그렇지 않다. 이것이 모든 위대한 세일즈맨들의 비밀이다. 세일즈란 판매를 **유도하는** 것이 아니라 가치를 **만들어내**는 것이다. 결국 세일즈맨의 일도 한 문장으로 요약된다. "나는 가치를 창출하는 사람이다."

가치란 어떤 사물이나 경험이 사용자 혹은 관찰자에게 지니는 중요성이나 매력을 뜻한다. 즉, 무언가를 가치 있고 중요하고 소중하게 만드는 특징들을 말한다. 이러한 가치는 그 대상의 금전적 혹은 다른 형태의 비용과 비교했을 때 더욱 분명해진다.

세일즈의 80퍼센트는 가치를 창출하는 일이고, 마지막 20퍼센트가 실제 판매 단계라고 할 수 있다. 그 20퍼센트, 즉 판매가 이뤄지는 순간도 당신이 억지로 만들어내는 것이 아닌 '받는' 과정이다. 받는 것에 대해서는 5부에서 다룰 것이다. 지금은 '가치 창출'에 집중해보자.

다른 사람들을 위해 가치를 만들어내고 싶다면 어떻게 해야 할까? 방법은 수없이 많지만 여기서는 다섯 가지를 살펴보겠다. 바로 탁월함, 일관성, 관심, 공감, 감사다.

탁월함

자신이 하는 일을 제대로 잘하는 것만큼 가치를 높이는 방법은 없다. 일을 단순히 시간을 돈과 교환하는 것으로 여기는 사람은 딱 먹고살 만큼만 일하게 된다. 하지만 일을 '가치를 만드는 행위'로 바라보는 순간, 삶에 변화가 일어난다.

가치의 법칙의 핵심은 대가를 받는 데 필요한 만큼만 일하는 것이 아니라 '대가보다 훨씬 더 많은 가치를 제공하는 것'이다. 바로 이것이 **탁월함**으로 이어진다.

전화를 받을 때 어떻게 인사하는가? 서류나 이메일은 어떻게 관리하는가? 옷차림은 어떤가? 상대방의 이름을 정확히 발음하는가?

모든 순간에 탁월함을 추구함으로써 타인을 위한 가치를 만들어낼 수 있다. 예컨대, 핫도그 장사꾼에게는 신선한 빵, 아삭하고 신선한 피클, 최고급 소시지 등 가장 좋은 재료를 쓰고, 매대와 자신 스스로를 항상 청결하게 유지하는 것이 탁월함이다.

완벽주의자가 되라는 말이 아니다. 중요한 건 자신이 하는 모든 일에 매 순간 의식적으로 노력을 쏟아붓고, 주어진 과제마다 최고의 능력을 발휘하고자 하는 태도다. 바로 탁월함을 삶의 습관으로 만드는 것이다.

리츠칼튼Ritz-Carlton 호텔에서는 고객을 "안녕하세요", "뭔가 필요하세요?"처럼 격식 없는 말로 맞이하지 않는다. 반드시 시간대에 맞춰 "좋은 아침입니다", "안녕하십니까, 좋은 하루 보내고 계신가요?", "편안한 저녁 되세요"라고 인사한다. 고객이 고맙다고 하면 "아니에요"가 아니라 "도움이 되었다니 기쁩니다"라고 한다. 그것도 진심을 담아, 진정성이 느껴지도록 말한다. 단순하지만 인상적이다. 비용은? 전혀 없다. 결과는? **탁월함**이다. 다른 호텔이나 모텔도 이들과 똑같이 인사할 수도 있고, 그게 아니면 다른 면에서 차별화하기 위해 노력할 수도 있다. 하지만 그렇게까지 하는 곳은 찾아보기 힘들다.

참고로, '탁월하다'는 게 '비싸다'는 의미는 아니다. 고급 브랜드나 사치품 업계만이 사람들에게 특별한 가치를 제공할 수 있는 건 아니다. 고급 레스토랑뿐 아니라 가족이 운영하는 작은 식당, 동네 카페, 심지어 핫도그 가게에서도 훌륭한 식사 경험을 선사할 수 있다. 가격과 가치는 동의어가 아니다. 사실, 가치의 법칙을 따른다면 이 둘은 **절대로 같을 수 없다.**

일관성

우리는 불확실성으로 가득한 세상을 살아간다. 만약 당신이 언제나 무슨 일이 있더라도 변함없는 품질의 경험을 제공한다는 확신을 사람들에게 줄 수 있다면, 당신은 이들에게 마치 혼란 속에서 안심할 수 있는 오아시스 같은 존재가 될 것이다.

이 책을 쓴 존 데이비드 만의 집 근처에는 식당이 하나 있다. 어떤 날은 음식이 꽤 괜찮았지만, 어떤 날은 그렇지 않았다. 존은 아내인 애나와 함께 그 식당을 서너 번 찾았다. 반면, 두 배나 멀리 떨어진 다른 식당은 동네 식당과 가격대는 비슷했지만 **항상** 맛있었다. 존과 애나가 어디를 자주 찾을지는 뻔하다. 그들은 매번 맛이 어떨지 걱정하지 않아도 되는, 항상 맛있는 음식이 제공되는 식당으로 먼 길을 마다하지 않고 찾아간다.

탁월함과 일관성이 결합하면, 진정으로 위대한 가치를 만들어낸다.

관심

이 책을 쓴 밥 버그는 여행을 떠날 때마다 여행사 직원 짐 헐버트Jim Hurlburt의 도움을 받는다. 인터넷으로 누구나 직접 예약할 수 있는 시대에 여행사가 왜 필요하냐고들 생각하지만, 밥은 짐의 도움 없이 여행하는 건 상상조차 하지 않는다. 짐이 보여주는 세심함과 디테일이 놀라운 가치를 만들어내기 때문이다. 짐은 밥이 원하는 시간에 딱 맞춰 최적의 가격으로 비행기를 예약해줌으로써, 밥의 돈과 시간을 엄청나게 절약해준다. 선호하는 좌석으로 업그레이드가 가능한지도 철저하게 확인하며, 비행기가 일정대로 운행되고 있는지 항공사에 직접 연락해 알아보고, 변경 사항이 생기면 밥에게 곧바로 전화로 알린다.

출발 전에는 좋은 여행 되라는 메시지와 함께 현지의 비상 연락처를 알려준다. 밥이 돌아오면 환영 인사와 함께 잘 돌아왔는지, 다음 여행을 위해 개선이 필요한 부분은 없었는지 메일로 확인하는 것도 잊지 않는다.

당연하게도 밥은 짐에게 많은 고객을 연결해주었다. 짐이 만들어낸 가치는 밥에게 큰 의미를 선사했고 결과적으로 짐에게 몇 배의 보상으로 돌아왔다.

공감

공감은 상대의 입장이 되어 세상을 바라보는 행위다.

몇 년 전, 존과 애나에게 있었던 일이다. 애나의 무릎뼈가 부러졌는데, 복잡한 골절이어서 완전히 회복하기까지 2년이나 걸렸다. 그동안 존과 애나는 다섯 개 항공사를 각각 여러 번 이용할 기회가 있었다.

사우스웨스트 항공Southwest airlines은 항상 애나가 가장 먼저 탑승할 수 있도록 배려했고, 내릴 때에도 휠체어를 준비해주었다. 승무원들은 애나가 긴 비행 동안 다리를 올릴 수 있도록 가운데 세 자리를 비워두었는데, 만석에 가까운 항공편에서도 예외는 아니었다.

나머지 네 개 항공사 중 어느 곳도 이만큼의 배려를 보이지 않았다. 오히려 아주 뒷자리로 밀려난 일도 있었다. 전반적으로 서비스는 나쁘지 않았지만, 다른 항공사들은 승객에게 가치를 더할 수 있었을 여러 순간을 너무 많이 놓쳤다. 그들은 승객을 이해하지 못했다. 승객의 처지에서 생각하도록 교육받지도, 그럴 의지도 없었던 것이다.

감사

사람들의 삶에 가치를 더하는 일에는 돈이 전혀 혹은 거의 들지 않는다. 사실, 우리가 다른 사람을 위해 가치를 창출하는 방법 대부분은 돈과 아무 상관이 없다.

가치를 더하는 가장 강력한 방법은 상대방을 인정하고 감사를 표하는 것이다. 누군가의 행동이 작게나마 긍정적인 변화를 일으켰다면, 이를 놓치지 말고 짚어주라. 그리고 마음을 다해 고맙다는 말을 전해라. 이왕이면 이메일이 아닌 손글씨로 감사 편지를 써보라. (요즘 그렇게까지 하는 사람이 또 있겠는가?)

미국 미시간주에서 회계 법인을 운영하는 마리 야쿠비악Marie Jakubiak은 새로 온 고객을 맞을 때 단순히 이름을 부르며 인사하는 데 그치지 않는다. 고객이 사무실에 들어서면 "우리의 새 고객, 메리 존스 씨를 환영합니다!"라는 문구와 함께 신선한 꽃으로 장식된 환영판으로 맞이한다.

감사와 인정을 뜻하는 영단어 'appreciate'는 라틴어 'appretiare'에서 왔는데, 본래의 의미는 '가치를 매기다'였다. 세월이 흐르면서 이 단어는 '어떤 것에 대해 (호의적으로) 평가한다'는 뜻과 '가치가 상승한다'는 뜻 두 가지를 갖게 되었다.

흥미롭지 않은가? 상대를 인정하면 나의 가치가 올라

간다. 반대로, 인정하지 않으면 나의 가치는 떨어진다.

자신의 가치를 높이고 싶은가? 그렇다면 **감사하라.**

2장

당신이 파는 건 맥거핀이다

에르네스토의 가게가 그토록 인기를 끈 건
핫도그가 아니라 핫도그를 파는 '사람' 때문이었다.
그곳은 단순한 식사를 넘어서 식사 '경험'을 제공했다.
핫도그 하나를 사는 순간을 잊지 못할 이벤트로 만들어낸 셈이다.

어느 회의적인 사람이 말한다.

"저희는 이미 품질도 좋고 훌륭한 가치를 지닌 상품을 팔고 있어요. 가치 제공은 지금도 충분한 것 같은데, 왜 좋은 상품을 파는 데 집중하면 안 되는 거죠?"

상품이 보험이라고 해보자. 그럼 당신은 어떤 일을 하는 사람인가? "당연히 보험업이죠!"라고 대답하려 했다면, 잠깐 다시 생각해보라. 자동차, 주택, 법률 서비스, 금융 서비스, 컴퓨터, 샌드위치… 무엇을 팔든, 당신이 정말로 하고 있는 일은 그걸 파는 것이 아니다.

당신이 파는 건 바로 맥거핀MacGuffin이다.

맥거핀이란, 영화감독 앨프리드 히치콕Alfred Hitchcock이 만든 용어로, 이야기 전체가 초점을 맞추는 대상을 뜻한다. 인디애나 존스 시리즈 1편인 영화 〈레이더스〉에서 맥거핀은, 고고학자 인디아나 존스가 나치의 손에 넘어가지 않도록 지키려는 고대 성궤다. 영화 〈말타의 매〉에서는 끝없는 배신과 살인을 불러오는 보석 박힌 매 조각상이 맥거핀이며, 영화 〈시에라 마드레의 보석〉에서는 프레드 C. 돕스와 동료들이 필사적으로 찾으려는 산속 광산의 금이 그것이다.

여기서 흥미로운 점이 하나 있다. 이야기가 끝날 때가 돼서야 우리는 이야기 속에서 찾아 헤매던 '그 물건'이 사실 이야기의 본질이 아님을 깨닫는다는 것이다.

인디아나 존스는 성궤를 지켜내지만, 성궤는 봉인된 채 조용히 깊숙한 곳에 묻혀버린다. 말타의 매 조각상은 결국 가짜로 드러난다. 프레드 C. 돕스의 금가루는 바람에 날아가버린다. 등장인물들은 맥거핀을 쫓는 데 여념이 없지만, 이 이야기의 진짜 가치는 맥거핀 자체가 아니라 그걸 쫓아가는 과정에 있다.

당신이 무엇을 팔든, **그것은 맥거핀이다.**

상품이 중요하지 않다는 게 아니다. 다만 세일즈의 본질은 상품 자체가 아니라는 뜻이다.

그럼 본질은 무엇일까? 바로, 다른 사람의 삶에 가치를 보태는 일이다. 상품은 그 목적을 위한 수많은 수단 가운데 하나일 뿐이다. 어떤 사람은 상품은 사지 않지만 당신을 만나고 알게 되면서 삶이 바뀔 수 있다. 그런 사람은 비록 '고객'은 아닐지라도, 당신에게 더 많은 고객을 이어줄 수도 있다.

세일즈에서 성공하기 위해 가장 중요한 건, 상품에 대한 열정과 애정이라는 말을 들어본 적이 있을 것이다. 파는 사람이 상품을 진심으로 사랑하지 않으면 어떻게 그걸 팔겠는가?

얼핏 들으면 그럴듯하지만, 사실은 그렇지 않다.

보험, 소프트웨어, 혹은 샌드위치를 (이왕이면 잘) 팔기 위해서 꼭 그것을 열렬히 사랑해야 할까? 아니다. 물론 사랑할 수는 있지만 필수 조건은 아니다.

정말 필요한 건, 상품을 믿고, 전적으로 지지하며, 그 맥거핀이 고객의 필요와 기대를 제대로 충족할 것임을 한 점의 의심 없이 믿는 것이다.

당신이 온 마음을 다해 진정으로 사랑해야 하는 건, 바로 사람들이 필요로 하고 원하는 것을 얻도록 돕는 과정, 즉 **가치를 창출하는 과정**이다.

때로는 상품에 대한 과도한 애정이 오히려 세일즈를 방해할 수 있다. 마치 믿음을 전파하려는 선교사의 열정처럼 상대에게 부담감을 주기도 한다. 눈에 불을 켜고 다가갈수록 상대는 당신의 말을 듣기도 전에 마음을 닫아버릴 것이다. 당신에게는 그 상품이 아주 큰 의미가 있겠지만, 상대도 똑같이 느끼는 건 아니다.

기억하라. 중요한 건 나도, 나의 상품도 아니다. 오로지 상대방이다.

좋은 소식 아닌가? 무슨 상품을 팔든 타인의 삶에 긍정적인 영향을 줄 기회는 누구에게나 똑같다는 뜻이다.

어쩌면 이렇게 오해할 수도 있다. "아, 그러니까 상품 자체는 별로 중요하지 않다는 얘기구나." 그런 뜻이 전혀 아니다. 상품은 당연히 아주 중요하다. 많은 훌륭한 세일 즈맨들이 자신의 상품을 평생 애용하며 진심으로 사랑한다. 하지만 요점은 거기에 있지 않다.

당신의 맥거핀이 업계 최고일 수도 있다. 심지어 수많은 사람들의 삶을 바꿀 만한 것일지도 모른다. 누군가는 경험을 들며 "내가 오늘 살아 있는 건 이 맥거핀 덕분이고 이것 없는 삶은 생각할 수도 없다"라고까지 말할 수도 있다. 그러나 중요한 건, 맥거핀 자체가 아닌 사람들의 삶에 영향을 주고 가치를 더하는 일이다.

대니엘 어브Danielle Herb는 다섯 살 때 주의력결핍과잉행동장애ADHD 진단을 받았다. 그녀의 어머니는 딸에게 약을 먹이는 대신, 딸이 건강하고 행복하며 만족스러운 삶을 살도록 도울 방법을 찾아 나섰다.

대니엘은 어려서부터 말을 좋아했다. 시간이 지나면서 모녀는 말과 함께하는 활동이 대니엘에게 단순히 즐거움을 주는 데 그치지 않고 집중력과 사고력에도 심오한 변화를 일으킨다는 사실을 깨달았다. 그 시간은 대니엘의 자아감을 키워주었다.

이런 변화를 경험한 모녀는 거기서 그치지 않고, 다른 아이들이 더 효과적으로 의사소통하고 자신감과 자존감을 기를 수 있도록 돕는 프로그램을 개발했다. 그들은 학교 시스템에서 소외된 아이들을 돕기 위해 대안학교를 세웠고, 이후 ADHD나 자폐 진단을 받은 청소년들을 위해 전국적 규모로 훈련 프로그램과 멘토링을 제공하는 사업체 드롭 유어 레인스Drop Your Reins를 만들었다.

드롭 유어 레인스에서는 승마를 가르친다. 하지만 그건 단지 맥거핀일 뿐이다. 대니엘 모녀가 진정으로 하는 일은 아이들의 삶을 변화시키는 것이다.

《더 기버 1》에서 에르네스토는 작은 핫도그 가판대에서 사업을 시작해 부동산 제국을 일궜다. 그의 성공은 핫도그 자체와는 아무 상관이 없었다. 물론 핫도그가 맛있긴 했지만, 기껏해야 핫도그일 뿐이지 않은가. 그럼에도 에르네스토는 그의 맥거핀으로 사람들의 삶에 변화를 주었다.

3장

인간관계의 물리학

세일즈에서 성공하려면 '주는 것'이 삶 속에서 어떻게 작동하는지 이해하는 게 중요하다.

《더 기버 1》에서 말한 기버 철학의 핵심은 '더 많이 줄수록 더 많이 갖게 된다'는 것이다. 이게 어떻게 가능할까? 겉보기에는 논리에 어긋난 것처럼 보인다. 비즈니스에서 가장 필요한 건 바로 논리가 아니던가?

하지만 자세히 살펴보면 논리에 들어맞는다. 단지 우리

에게 익숙하지 않은 논리를 따를 뿐이다. 마치 뉴턴의 고전물리학과 기묘한 양자물리학 세계의 차이처럼 말이다.

뉴턴 물리학은 '2+2=4' 같은 논리를 따른다. 모든 작용에는 반드시 정반대 방향으로 같은 정도의 반작용이 따르는 선형적인 '작용과 반작용'의 세계다. 초기 물리학자들은 원자를 자연의 궁극적인 구성 요소라 여겼다. 당구공처럼 작은 입자인 원자에 힘을 가하면 예측 가능한 직선 경로로 움직인다고 생각했다. 옆 쿠션에 6번 공을 맞혀 코너 포켓에 넣는 것만큼이나 단순하다.

하지만 양자물리학에서는 원자가 그런 고정된 덩어리가 아니라 각 원자가 상상할 수 없을 만큼 방대한 에너지를 품으며 예측 불가능한 방식으로 움직이는 작은 우주로 본다. 뉴턴식 논리로는 설명되지 않는 세계다.

전통적인 비즈니스는 당구공 논리로 움직인다. "내게 100달러를 주면 당신에게 100달러어치 목재를 주겠다"라거나 "내게 1000달러를 빌려주면 당신에게 1000달러와 이자를 갚겠다"라는 식이다. (여기서 '이자'는 물리학에서의 '마찰'로 볼 수 있다.)

뉴턴의 법칙처럼 당구공식 회계도 어느 정도 잘 작동한다. 장부를 정확히 기록하고, 수입과 지출, 채무와 채권을 잘 관리하는 건 물론 필요하다. 하지만 비즈니스의 본질은 단순한 숫자 계산에 있지 않다. 기계적인 당구공식 논리는 제한된 범위에서만 작동할 뿐, 비즈니스를 엮어내는 '사람 사이의 상호작용'에는 통하지 않는다.

고전물리학에서는 "누군가에게 무언가를 주면, 당신은 그것을 잃는다. 거래란 결국 소모다"라고 설명한다. 목재, 철강, 석유, 시간, 노력을 파는 순간, 당신의 자원은 줄어든다. 경제학이 '암울한 학문'이라 불리는 이유는 바로 이런 소모 과정을 다루기 때문이다.

하지만 인간관계를 당구공식 경제 논리로 관리하는 건 현실적이지 않다. 상품 단위, 크기, 무게, 시간 같은 것은 측정할 수 있지만, 사람과의 상호작용은 그렇지 않다. 그럼에도 우리는 시도한다. "어제 내가 설거지했으니 오늘은 당신 차례야." (모든 작용에는 똑같은 크기의 반작용이 따른다고 배우지 않았던가?) 처음엔 잘 작동하는 것처럼 보일 수 있지만, 장기적으로는 전혀 그렇지 않다. 점수를 정확히 계산하려는 노력은 결국 무너지고 만다.

《더 기버 1》에서 샘은 조에게 이렇게 말한다.

"보통 사람들이 말하는 '윈윈win-win'은 점수 계산을 위장한 것에 불과하네. 모두가 똑같이 나눠 가지고 아무도 더 많은 이득을 보면 안 된다는 식이지. 내가 네 등을 긁어줬으니 이제 네 차례라는 거야."

샘이 말한 관계의 비밀은 단순하다. **점수 계산을 멈추라.**

인간관계를 점수표로 관리하려는 발상은 결코 통하지 않는다. 그 누구도 다른 사람의 주관적인 계산법에 온전히 부합할 수 없기 때문이다. '불공평한' 점수표 때문에 수많은 가정이 무너졌고, 국가 간의 원한과 이해득실을 맞추려는 계산 때문에 수백만의 시민이 전쟁터로 내몰렸다. 기계적인 당구공식 논리만을 따라 살다 보면 결국 피 터지는 갈등으로 이어질 수밖에 없다.

관계가 이런 식으로 작동하지 않는 이유는 인간관계가 아주 다른 물리 법칙에 지배되기 때문이다.

알린 소런슨Arlin Sorensen은 미국 아이오와주에 본사를 둔 IT 기업인 하트랜드 테크놀로지 솔루션스Heartland

Technology Solutions의 CEO다. 《더 기버 1》을 읽은 뒤, 알린은 자신이 220개 동종 업체와 함께 만든 하트랜드 테크 그룹Heartland Tech Group 회원사들을 대상으로 기버 정신을 주제로 한 여름 수련회를 기획했다. 그들은 '관대한 삶'의 원칙을 비즈니스에 스며들게 하기 위한 여러 창의적인 방법들을 생각하고 의논했다.

2008년 여름, 경기가 급격히 추락하기 시작할 무렵, 하트랜드 테크 그룹은 그 어느 때보다 감동적인 방식으로 기버 정신을 실천하게 되었다. 알린은 다음과 같이 설명했다.

지난 주말, 회원사의 경영진 두 명이 바쁜 와중에도 자리를 잠시 비우고 다른 주로 날아갔습니다. 대량 해고, 심지어 폐업까지 고려할 정도로 어려움에 처한 다른 회원사를 돕기 위해서였죠. 면밀하게 상황을 진단한 후, 둘은 문제 해결을 위해 당장 실행할 수 있는 조치를 몇 가지 제시해 주었습니다.

오늘 아침에 그들이 보내준 보고서를 읽었는데, 절망적

이고 감당할 수 없던 회사가 관리 및 운영 가능한 상태로 바뀌었다고 쓰여 있었습니다. 도움을 준 두 사람도 이 사실에 고무되어서 더 많은 새로운 아이디어와 제안을 쏟아 냈죠.

9개월 뒤 알린은 그 일을 장기적인 관점에서 회상하며 결과를 전했다.

4분기에 큰 위기에 빠져 있던 그 회사는 사업을 다시 정상 궤도에 올려놨고, 부채 대부분을 상환했으며, 나머지 부채를 갚을 현금도 마련할 수 있었습니다. 2009년 1분기는 매출과 이익 모두에서 최고의 실적을 기록했죠.

더 놀라운 점은 따로 있습니다. 다른 회원사를 돕기 위해 발 벗고 나선 두 사람은, 그 과정에서 오히려 자신들이 완전히 달라졌다고 얘기하더군요. 시간과 비용, 노력을 쏟아부은 결과, 그들은 개인적으로 큰 보람을 느꼈을 뿐 아니라 비즈니스 감각과 비판적 사고, 리더십에 관한 소중한 배움을 얻었다고 했습니다. 그 배움이 고스란히 돌아와 자기 회사의 성장을 이끄는 힘이 되었다고 말이죠.

인간 상호작용 경제학에 따르면, 상대에게 준다고 해서 내 것이 줄어들지 않는다. 오히려 늘어난다. 지식, 감사, 인정, 지혜, 관심, 배려는 나눌수록 풍성해진다. 반대로 혼자만 움켜쥐고 있으면 불어나기는커녕 시들고 만다. 더 많이 갖기 위한 유일한 방법은 계속해서 주는 것이다.

어딘가 익숙하지 않은가? 이는 주는 것, 나아가 사랑이 작동하는 방식이다. 모든 진정한 관계를 움직이는 경제학인 동시에 세일즈의 본질을 이루는 역학이다.

더 많이 줄수록 더 많이 갖게 된다.

4장

무엇이 열차를 움직이게 하는가

"죄송하지만… 이해가 잘 안 되네요." 조가 고백했다.
"꼭 망하는 지름길 같아서요. 거의 돈 벌기를 꺼리는 것처럼 들립니다."
에르네스토가 손가락을 흔들며 말했다.
"전혀 그렇지 않네. '돈이 되는 일인가?'라는 질문은 나쁜 게 아니야.
오히려 훌륭한 질문이지. 다만 그게 첫 번째 질문이어서는 안 된다네."

가치 창출의 중요성을 이해한 당신은 아마 이렇게 생각할지도 모른다. "그래, 여기까지는 알겠어. 그런데 내가 만든 가치가 실제 판매로 이어지려면 뭘 해야 하지?"

정답은 '그럴 필요가 없다'는 것이다. 당신이 해야 할 일은 어떤 '목적'을 위해 가치를 창출하는 게 아니다. 가치를 창출하는 것, 그 자체가 목적이다.

세일즈맨으로 성공하려면 판매가 일어나야 한다. 그

리고 그건 결국 일어나게 되어 있다. 하지만 지금은 '판매'라는 생각을 잠시 내려놓자. 지금 전념해야 할 일은 단 하나, 다른 이들에게 가치를 제공하는 것뿐이다. 그것만 제대로 해도 판매와 돈은 자연스럽게 뒤따라온다.

돈은 가치의 메아리다. 가치가 번개라면, 돈은 뒤따르는 천둥이다. 가치를 창출하면, 돈은 반드시 따라온다. 이때 돈을 올바른 관점에서 바라보는 것이 무엇보다 중요하다. 에르네스토가 지적했듯 '돈이 되는 일인가?'는 나쁜 질문이 아니다. 오히려 **훌륭한** 질문이다. 다만 그것이 우리의 **첫 번째** 질문이어서는 안 된다.

에르네스토는 이렇게 말했다. "**첫 번째** 질문은 '이 일이 다른 사람에게 도움이 되는가?' 혹은 '다른 사람에게 가치를 더하는 일인가?'가 되어야 하네. 질문에 대한 답이 '그렇다'라면 **그다음**에 '돈이 되는 일인가?'를 물으면 돼."

그런데 돈을 최우선시하는 것도 문제지만, 돈을 아예 부정하거나 없는 것처럼 행동하는 것도 문제다.

"난 돈 때문에 이 일을 하는 게 아니야"라고 말하는 사람을 본 적 있을 것이다. 마치 자신이 받는 대가를 부끄러워하거나 돈이 피해야 하는 주제라도 되는 듯이 말이다.

흥미로운 사실은, 돈에 대한 관점을 제대로 세우면, 즉 **정말로** 돈만을 위해 일하지 않는다면, 굳이 그렇게 말할 필요조차 느끼지 않게 된다는 것이다. (정말 신뢰할 수 있는 사람이 굳이 "날 믿어"라고 말하지 않듯이 말이다.)

많은 사람이 돈과 복잡한 관계를 맺고 있다. 사실, 돈과의 불편한 관계 때문에 스스로 성공의 길을 막는 경우가 놀라울 정도로 많다. 주변을 둘러봐도 자기 이익과 이타심은 양립할 수 없다는 암묵적인 가정이 깔린 경우가 많다. 즉, 어떤 일은 남을 위한 것이거나 나를 위한 것이지, **둘 다일 수는 없다**는 식이다. 이 위험한 이분법을 받아들인다면, 고객에게 전화를 걸거나 다가갈 때마다 무의식적으로 둘 중 하나를 선택해야 한다.

- 나는 탐욕스럽고 사람을 조종하며, 이 사람을 희생시켜 내 이익만 챙길 것이다.
- 나는 마음씨 넓고 관대하며 이 사람을 도울 사명이 있기에, 내 이익은 어떤 방식으로든 부정해야 한다.

이는 잘못된 딜레마다. 이익 추구와 이타심은 결코 **충돌하지 않는다**. 오히려 동전의 양면에 가깝다.

'베푸는 마음'을 가진다는 것은 자기희생이나 순교자적 태도를 의미하지 않는다. 순교의 관점에서는 자신을 챙기는 것과 타인을 돕는 것을 모순된 개념으로 본다. 하지만 그것은 진정한 관대함이 아니다. 종속적인 희생에 불과하다. **진정한 기버는 이 둘을 대립 관계로 보지 않는다**. 그들은 주는 것이 곧 모든 배를 띄우는 밀물임을 잘 안다. 즉, 타인에게 가치를 주는 동시에 자신도 잘될 수 있다는 것을 알고 있다.

제임스 P. 스미스James P. Smith는 한 마케팅 회사의 지역 영업 담당자였다. 미국 솔트레이크시티에서 **완벽한** 프레젠테이션을 마친 후 비행기에 오르려는데 누군가에게 《더 기버 1》을 건네받았다.

프레젠테이션을 듣는 모든 사람을 제 편으로 만들었고, 다들 제가 판매하는 것에 흥미를 가졌습니다. 이보다 더 좋은 결과는 없다고 생각했죠. 회의실을 나서면서부터 수익을 계산하고 있었습니다. 그리고 비행기에서 《더 기버 1》을 읽기 시작했어요.

페이지를 넘길수록 제 동기가 완전히 잘못되어 있다는 걸 깨달았습니다. 그 자리에서 결심했죠. 이제부턴 '파는 것'에 집중하는 게 아니라 고객의 관점에서 보겠다고요. 휴스턴에 도착했을 즈음, 책은 이미 두 번이나 완독한 상태였는데 거의 눈물이 날 것 같았습니다.

집에 도착한 후, 제임스는 솔트레이크의 한 회사 마케팅 책임자에게 전화로 특별한 일을 의뢰받았다.

원래라면 곧바로 "네, 가능합니다. 저희가 하겠습니다"라고 대답했을 겁니다. 하지만 《더 기버 1》을 읽은 뒤에는 그 일의 적임자가 우리 회사가 아닐 수도 있겠다고 느꼈죠. 그래서 그분에게 우리 회사의 서비스는 아직 베타테스트 단계이며, 해당 서비스를 이미 안정적으로 제공하고 있는 다른 회사를 소개해드리겠다고 답했습니다.

그분은 말문이 막혔나 봐요. 전화를 끊고 나자 그동안

느껴본 적 없는 만족감을 느꼈습니다.

얼마 안 가 그분이 다시 전화하더니 솔직한 추천에 거듭 감사를 표하더군요. 그리고 장기적인 파트너십을 쌓기에 믿음이 간다고 말했습니다. 결과적으로 그분과의 거래는 우리 회사에 큰 이익을 가져다주었죠.

세일즈에서 돈을 올바른 관점으로 바라보기 위한 가장 좋은 방법은 상대의 처지에서 생각하는 습관을 기르는 것이다. 어떻게 하면 그 **사람에게** 가치를 더할 수 있을까? 어떻게 하면 그 **사람의** 재정적 이익을 지켜줄 수 있을까? 어떻게 하면 그 **사람의** 수익을 늘리고 자산을 키우도록 도울 수 있을까?

얼마나 꾸준하고 한결같이 타인에게 가치를 더하는 데 집중하는가의 문제가 곧 당신이 스스로를 어떻게 평가할지, 또 시장에서 어떻게 인정받을지를 결정한다. 더 많은 가치를 줄수록 더 긍정적인 관계, 더 큰 자존감, 삶에 대한 더 깊은 감사, 그리고 더 많은 수입으로 이어진다.

《더 기버 1》이 출간되고 몇 주 뒤, 블로거 뉴스 네트워

크Blogger News Network의 편집자인 사이먼 배럿Simon Barrett
이 서평을 썼다. 몇 단락에 걸쳐 감상을 쓴 그는 이렇게
덧붙였다.

저자들의 아이디어는 내 경험과도 크게 다르지 않다. 약
18개월 전, 나는 컴퓨터 만지는 일의 '즐거움'은 바닥이 났
다고 느꼈고 신물이 났다. 이 업계에서 30년 넘게 일하다
보니 완전히 지쳤다. 글을 쓰고 싶었지만 신인 작가를 받아
주려는 곳은 아무 데도 없었다. 나는 사회에 '더 큰 가치를
주자'고 결심했고, **무료**로 글을 쓰기 시작했다.

얼마 지나지 않아 글을 써달라는 청탁과 원고료가 들어
오기 시작했다. 아직 본업을 완전히 그만두지는 않았지만
나는 이제 확실히 그 방향으로 나아가고 있다.

1년 후 우리가 사이먼에게 다시 연락했을 때, 그는 실
제로 직장을 그만두고 아내와 함께 전업 작가 겸 인터뷰
어로 생계를 이어가고 있었다. 다음은 사이먼의 말이다.

한번 열차가 달리기 시작하면, 일은 저절로 굴러갑니다. 이제 CNN도 제 글을 인용하고, 예전에는 대화를 나눈다는 건 상상조차 못 했을 사람들이 직접 찾아옵니다. 확실한 건, 무언가를 하고 싶다는 의지만으로도 할 수 있다는 겁니다. 인생은 스스로 만들어가는 것이죠.

"한번 열차가 달리기 시작하면, 일은 저절로 굴러간다." 정말 멋진 말이다. 그리고 그 열차를 움직이게 하는 힘은 가치 창출이다.

5장

돈을 노릴수록 돈에서 멀어진다

"잠시만요. '돈이 되는 일들이 발생하기 시작한다'고요?
아까 결과는 의식하지 않는다고 하셨잖아요." 조가 말했다.
"맞아. 결과는 의식하지 않아." 에르네스토가 고개를 끄덕였다.
"그렇다고 해서 그런 일이 발생하지 않는 건 아니라네."

우리는 성자가 아니다. 결국 우리를 움직이는 힘은 이익을 추구하는 마음이다. 이런 본능을 완전히 없애려는 시도는 헛수고일 뿐이다. 개인의 이익 추구는 인간 본성의 본질적인 부분이며 타고나는 것이다. 그리고 이건 다행스러운 일이다. 우리의 심장이 계속 뛰고 신진대사가 작동하는 것 또한 생리적인 이익 추구 본능 덕분이기 때문이다.

그렇다면 기버로 산다는 건 자기 본성에 거스르는 것일까? 절대 그렇지 않다. 천문학적 성공을 이루는 다섯 가지 법칙을 실천하기 위해 개인적 이익 추구를 꿈도 꾸지 말아야 하는 건 아니다. 단지 자기 이익을 잠시 옆에 내려두는 것이다. 영국의 네트워킹 전문가 토머스 파워Thomas Power는 이를 "자기 이익의 자발적 보류"라고 불렀다.

이건 사실 영화를 볼 때마다 우리가 하는 일과 비슷하다. 우린 이게 영화일 뿐이라는 걸 **안다**. 제임스 본드가 테러리스트 본거지를 실제로 폭파시키는 게 아니라는 것, 테러리스트가 본드의 머리에 총을 겨누고 본드가 그를 비웃을 때, 우리는 실제 배우의 생명이 위험에 처한 게 아니라는 것을 **안다**. 그럼에도 이야기를 즐기기 위해 **우리는 자발적으로 불신을 잠시 보류한다**.

극장에 들어서는 순간, 우리는 스크린 속에서 벌어지는 일이 실제라 믿으며 긴장하고 두려워하고, 박진감 넘치는 사건의 해결 과정을 따라가며 온전히 감정을 느낀다. 그렇게 카타르시스를 경험한 뒤 극장을 나선다. 물론 그것이 현실이 아니라는 건 **알지만** 그런 사실을 잠시 제쳐

놓았기에 그 모든 감정을 온전히 누릴 수 있었던 것이다. 영화가 끝난 뒤 현실로 돌아와도 그 경험이 남긴 여운은 계속 우리 안에 살아 있다.

세일즈에서도 마찬가지다. 우리는 자발적으로 자기 이익을 잠시 내려놓는다. 아예 없애거나 부정하는 게 아니라 잠깐 밀어둠으로써 '가치의 법칙'이 선사하는 온전한 감정적 경험에 다가갈 수 있다.

《더 기버 1》을 읽은 후 마크 벡포드Mark Beckford라는 블로거가 우리에게 이런 경험담을 전해왔다.

제 친구가 중국에서 변호사 채용을 막 시작한 때였습니다. 《더 기버 1》을 읽은 직후라 제 머릿속에는 "내가 어떻게 친구를 도울 수 있을까?"라는 생각이 계속 맴돌았죠.

예전에 함께 일했던 변호사 중에 중국 국적이면서 워싱턴D.C.의 법률사무소에서 근무하던 사람이 떠올랐습니다. 워싱턴D.C.와 베이징을 오가며 일하던 분이니 양쪽 나라 모두에 훌륭한 네트워크를 가지고 있으리라 생각했습니다. 친구에게 꼭 필요한 인맥이 되어줄 것 같았죠.

그래서 둘을 소개해주었는데, 이후부터 제 친구도 저를 위한 '헤드헌터'처럼 나서서 15명도 넘는 새로운 사람들을 연결해주었습니다.

사람들은 이를 종종 '얻기 위해 주는 것'으로 오해한다. 하지만 우리가 말하는 건 그런 게 아니다. 얻기 위해 주는 것은 여전히 **얻는 것**을 목적으로 하는 행위다. '내가 친절하게 대하면, 상대도 나를 좋아해서 언젠가 내 물건을 사주겠지' 하는 식이다. 이런 전략은 겉으로는 친절한 행동을 만들어낼 수 있겠지만, 그 출발점은 여전히 '돈이 되는 일인가?'라는 질문에서 비롯된다.

중요한 건, **결과를 만들기 위한 전략적인 목적으로** 관대하게 행동하는 것이 아니다. 관대하게 행동하는 것 자체가 목적이다.

상대방의 이익을 우선하는 일을 내 이익을 얻기 위한 발판으로 삼아서는 안 된다. 단지 내가 누군가를 도울 수 있다는 사실만으로 충분한 보람과 만족을 느껴야 한다. 주는 것이 곧 당신의 존재 방식이며, 당신이 자연스럽게 하는 일이어야 한다.

"그렇게 해야만 큰돈이 되는 일들이 발생하기 시작한다네"라는 에르네스토의 말처럼 말이다.

이게 바로 역설이다. 더 큰 보상을 받으려는 속셈으로 가치를 만들어내려 한다면, 언젠가는 그 의도가 드러나 결과를 망치고 만다. 에르네스토가 말하는 것은 그 반대다. 돌아올 보상에 대한 집착은 내려놓고 그저 주는 것, 그러면서도 보상이 반드시 돌아오리라는 사실만큼은 분명히 이해하는 것이다.

6장

호황을 부르는 태도

이쯤 되면 회의적인 누군가가 다시 손을 들 것이다.

"주고 베푸는 얘기, 듣기엔 그럴듯하죠. 하지만 그건 상황이 좋고 모든 게 풍족할 때나 가능해요. 상황이 나쁠 때는 어떡합니까? 살아남으려면 더 독한 방법이 필요한 거 아닌가요?"

하지만 사실 상황이 어려울 때일수록 기버의 원칙은 더욱 빛을 발한다.

경기가 급락하면 우리는 쉽게 공황에 빠진다. 하지만 거시경제가 오르락내리락한다고 해서 개인적인 경제 상황까지 함께 요동치게 할 이유는 없다. 우리는 외부의 힘에 무력하게 휘둘리는 존재가 아니다. 어려운 시기에도 제자리를 지킬 수 있을 뿐만 아니라 오히려 더 앞으로 나아갈 수도 있다.

어떻게 해야 할까? 초점을 레이저처럼 정확히 맞추는 것이다. 무엇에? 바로, 가치 창출이다. 타인을 위해 가치를 만들어낼 때, **당신**은 시장에서 없어서는 안 될 존재가 된다. 그러면 다른 곳은 수요가 줄어드는 와중에도 당신과 당신의 비즈니스에 대한 수요는 오히려 늘어난다.

가치의 법칙에는 실용적인 힘이 있다. 그 실용적인 법칙의 진정한 아름다움은 성공의 핵심 요인을 외부 상황이 아니라 우리 손안에 두게 한다는 점이다. 우리는 남이 무얼 할지는 통제할 수 없지만 내가 무엇을 할지는 통제할 수 있다. 만약 목표가 **거래 성사**라면, 당신은 상대의 구매 결정에 의존할 수밖에 없다. 하지만 목표가 **타인을 위한 가치 창출**이라면, 당신의 성공은 오직 당신 자신에게 달렸다.

바로 이 점이 놀라운 부분이다. 이 책의 다섯 가지 법칙을 실천함으로써 **누구나 자신만의 경제를 만들 수 있다.**

물론 사회 속에서 살아가는 한 우리는 거시경제에 영향을 받을 수밖에 없다. 그러나 그게 당신 인생의 항로를 결정하지는 않는다. 당신은 파도치는 해변에 서 있다. 밀물과 썰물이 발목을 덮치고 다리를 잡아당긴다. 당신에게는 선택지가 있다. 닻을 단단히 내릴 것인가, 아니면 부유물처럼 조류에 휩쓸릴 것인가.

그럼 현실에서 우리가 할 수 있는 일은 무엇일까?

첫째, 세상이 어떻게 돌아가든 상관없이 '지금 내 경제 상황은 훌륭하다'고 스스로 결정하라.

현실을 부정하라는 말이 아니다. 힘든 시기는 분명 힘들다. 하지만 인간의 경제라는 건 놀라울 만큼 **마음가짐**에 좌우된다. 결국 당신의 시장 상황은 상당 부분 당신 자신에게 달려 있다.

앞서 말했듯 태도는 전염된다. 경제가 어려울수록 사람들은 본능적으로 더 조심스러워지고 더 망설인다. 세일즈맨들은 호황보다 불황의 시절에 더 큰 불안과 절망과

공포를 느낀다. 의도하든 아니든, 이런 감정은 상대에게 전달되고 세일즈 기회를 더 위축시킨다.

하지만 기버들은 다르다. 주변 상황에 상관없이 번영하기로 이미 결심한 순간, 불안에 휩쓸리지 않고 자신 있는 태도와 언어로 '우리 사업은 잘되고 있습니다. 아니, 아주 훌륭합니다'라는 메시지를 전할 수 있다. 스스로 호황의 감각을 심고, 그것을 거리낌 없이 드러내라.

둘째, 다른 사람들을 위해 가치를 창출하기 위한 노력을 지금보다 더 강화할 것을 결심하라.

받는 것보다 더 많은 가치를 제공하는 것, 그것이 모든 위대한 비즈니스의 비밀이다. 그리고 이것이야말로 어떤 경제 상황에서도 통하는 진짜 자산이 된다.

침체기에는 사람들 대부분이 활동을 줄이고 시장에 제공하는 가치를 축소한다. 그러나 당신은 달라야 한다. 꾸준히 그리고 더욱 끈질기게, 받는 대가보다 더 많은 가치를 창출하는 방법을 찾아내야 한다. 모든 곳에서 가치가 급격히 줄어드는 것처럼 보이는 바로 그때, 당신이 제공하는 가치는 평소보다 더 두드러지고 빛을 발한다.

아이러니하게도 '어떻게 하면 더 많이 **얻어낼까**'를 전략의 기초로 삼은 사람들에게 경기 침체는 사업을 마비시키는 걸림돌이 된다. 반면에 '어떻게 하면 더 많이 **줄 수 있을까**'에서 출발하는 기버의 사업은 경기 변동의 영향을 받지 않을 뿐 아니라 오히려 그럴 때 더 크게 번영한다.

2008년 가을, 헤더 바타글리아Heather Battaglia는 시티모기지CitiMortgage의 부사장이었다. 헤더는 수익성도 높고 줄곧 좋은 성과를 내던 관할 부서가 불황에도 끄떡없으리라 생각했다. 그러나 그해 말, 경기가 추락하자 헤더의 부서도 타격을 입었고 끝내 해고를 당했다.

탄탄한 학력과 훌륭한 경력을 갖추었기에 처음엔 새 직장을 찾는 데 큰 문제가 없으리라 생각했다. 하지만 아무리 인맥을 활용하고 이곳저곳에 연락하며 모든 방법을 동원해도 좀처럼 일자리를 구하지 못했다. 그렇게 한 달, 두 달, 그리고 세 달이 지났다.

헤더는 말했다. "저는 한 번도 실업 상태였던 적이 없었어요. 늘 헤드헌터들이 저를 **찾아왔거든요**. 그런데 이번에는 아무것도 통하지 않았습니다."

결국 헤더는 교류를 이어가던 다른 해고 임원 7명과 함께 구직 중인 임원들을 위한 행사를 기획했다. 헤더는 그때를 이렇게 회상한다.

《더 기버 1》을 이미 읽은 몇몇은 "우리가 무슨 행사를 하든, 반드시 다른 사람을 돕는 것과 '주는 것'을 최우선으로 해야 한다"라고 하더군요. 모두 일자리를 잃은 상태였는데도 우리의 대화 주제는 항상 어떻게 **다른 사람**의 취업을 돕느냐였어요!

이렇게 만들어진 이그젝넷ExecNet은 사명 선언문과 회원 심사 과정을 마련했다. 심사 질문 중 하나는 "다른 임원들을 먼저 돕는 데 전념하겠습니까?"였다. 2009년 봄, 헤더는 이렇게 연락해왔다.

이제 우리에겐 150명 넘는 회원이 있습니다. 모두가 서로를 먼저 돕는 데 전념하죠. 이미 많은 분들이 새 일자리를 얻었고, 어떤 분들은 최종 면접 단계까지 이르렀으며, 이

제 막 시작 단계에 있는 분들도 있습니다. 그룹이 만들어진 지 3개월밖에 안 되었지만, 우리는 함께 산을 움직이고 있어요.

헤더와 동료들은 절박한 상황에 처해 있었다. 그러나 그들은 불황 속 불안에 굴복하는 대신, 스스로 상황을 통제하기를 선택했다. 그리고 다른 사람에게 가치를 제공하는 일에 노력을 쏟음으로써, 자신들만의 호황을 만들어냈다. 그 결실은 눈부시게 빛났다.

2부

THE LAW OF C

보상의 법칙

OMPENSATION

7장

얼마나 많은 삶에 닿아 있는가

"저는 늘 세상이 불공평하다고 생각했어요.
유명 영화배우나 운동선수 들이 거액을 벌어들이고 (…)
학교 선생님처럼 훌륭하고 고귀한 일을 하는 사람들은
정작 자신의 가치만큼 보상받지 못하잖아요."
—조

"불공평해!"

부모라면 아이들에게 수없이 들어봤을 말이다. 어른들도 똑같이 말한다. "불공평해!" 이 말은 전 세계 어디서나 통하는 코드다. "이해가 안 돼. 어떻게 이럴 수가 있어?"라는 뜻이다.

예컨대, 우리 사회가 가수, 운동선수, 영화배우에게는 엄청난 보수를 주면서 세상의 수많은 무명의 영웅들, 즉 교사, 경찰, 간호사, 소방관 같은 평범한 사람들에게는 터무니없이 적은 보수를 주는 건 어떤가?

또 열심히 공부했고 제품을 누구보다 잘 알고 고객을 위해 성실히 일하는데도 판매왕만큼 보상받지 못하는 영업사원들은 어떤가? 역시 **불공평하다!**

이 세상에서 보상이 작동하는 원리는 참 엉망진창에 제멋대로인 것처럼 보인다. 하지만 사실은 그렇지 않다. '보상의 법칙'을 이해하면 모든 것이 완벽히 설명된다.

우리는 대개 이렇게 배웠다. 원하는 것을 얻으려면 다음 세 단계를 따르면 된다고.

첫째, 가치 있는 목표를 세운다.
둘째, 열심히 일한다.
셋째, 착하게 산다.

더 많이 벌고 얻기 위해서는 이 세 가지를 더 **열심히** 하면 된다고 믿는다. 원하는 게 있는가? 그냥 원하지 말고 간절히 원하라. 노력도 그냥 하지 말고 **죽도록** 노력하라. 그냥

착하게 살지 말고 **진짜로 착한** 사람이 되기 위해 **있는 힘껏** 노력하라.

겉보기엔 타당해 보이는 이 공식을 우리는 **정답**이라고 믿으며 따랐다. 그러나 현실은 다르다. 아, 오해하지 마시길. 가치 있는 목표 세우기, 노력하기, 착하게 살기, 이 모든 것은 물론 훌륭하고 꼭 필요한 것들이다. 다만, 그것들만으로는 더 큰 성공을 가져다주지 못한다.

당신에게 돌아오는 보상은 선량함, 자격, 노고, 성실함을 반영하는 게 아니다. 보상은 **영향력**의 메아리다.

앞서 살펴본 첫 번째 법칙, 즉 받는 것보다 더 많은 가치를 창출하라는 법칙은 성공적인 세일즈의 토대다. 그러나 단순히 가치만 창출한다고 해서 매출이나 현금 흐름이 반드시 늘어나는 것은 아니다. 두 번째 법칙은 여기에 한 가지를 더한다. 가치를 만드는 것에 그치지 말고, **가능한 한 많은 사람의 삶에 그 가치를 전하라**는 것이다.

《더 기버 1》에서 교사에서 기업가로 변신한 니콜은 조에게 이렇게 설명한다.

첫 번째 법칙은 당신이 얼마나 **가치 있는** 사람인지 결정해요. 당신이 **잠재적으로** 얼마나 벌 수 있을지를 좌우하죠. 하지만 당신이 **실제로** 얼마나 **벌지를** 결정하는 건 두 번째 법칙이에요. 이렇게도 표현할 수 있겠네요. 당신의 보상은 당신이 얼마나 많은 사람의 삶에 닿았는지에 정비례한다고요.

두 번째 법칙의 핵심은 끊임없이 더 많은 사람과 만나고 연결되는 것이 일에서 중요하다는 데 있다. 전통적인 영업에서는 이를 깔때기를 뜻하는 '퍼널funnel' 혹은 '파이프라인pipeline'이라 부르며 "파이프라인을 최대한으로 구축하라"는 식으로 가르친다. 하지만 우리에게 중요한 건 단순한 숫자가 아니다. 그 깔때기나 파이프가 무엇으로 채워져 있는가가 핵심이다. 그 본질은 바로 **개인의 영향력**이다.

그런 이유로 입소문은 언제나 가장 강력하고 효과적인 마케팅 수단으로 인정받는다.

할리우드의 경영자로서 수억 달러를 들여 여름철 블록버스터 영화에 투자할 때든, 동네 어린이집 원장으로서 원아 정원을 채우려 할 때든, 비즈니스에 몸담은 사람이라면 누구나 사업의 성패가 입소문에 달려 있음을 잘 안다. 다른 광고와 마케팅 방식들이 효과 없다는 건 아니다. 그것들도 분명 효과가 있지만 그 또한 결국 입소문을 얼마나 잘 모방하거나 강화하느냐에 달려 있다. 즉, 사람들이 자신이 경험한 영향력을 얼마나 다른 이들에게 전하느냐가 관건이다.

니콜과 비슷하게 아네트 크라베크Annette Kraveck는 교사로 경력을 시작했다. 생활비를 보탤 목적으로 개인 과외 서비스를 시작했는데, 아이들은 다정하고 인내심 깊은 아네트를 무척 좋아했다. 입소문은 금세 퍼졌다. 수요가 넘쳐나 혼자 감당할 수 없는 수준이 되자 아네트는 다른 과외 교사들을 고용했다. 머지않아 그녀는 학교에서 일할 때보다 훨씬 더 많은 수입을 올리게 되었다.

아네트는 영향력 범위를 넓혀 자신의 가치를 극대화했고 그 결과 수입이 크게 뛰었다.

그녀는 자신을 세일즈맨이라 생각하지 않았을지 모른다. 하지만 아네트는 분명 **세일즈**를 하고 있었다. 그가 판

것은 '과외 서비스'라는 맥거핀이었고, 그렇게 많은 삶에 닿을 수 있었던 건 거래 성사 기술이나 멋진 프레젠테이션 덕분이 아니었다. (아마 아네트는 자기에게 그런 기술이 아예 없다고 말할 것이다.) 그의 성공은 오직 아이들을 위해 창출해낸 탁월한 가치 덕분이었다. 처음 가르쳤던 학생들에게 아네트가 미친 영향력, 그리고 한 부모에서 다른 부모로 이어진 입소문이 곧 아네트의 파이프라인을 저절로 만들어낸 것이다.

이것이 바로 당신이 해야 할 일이다. 단순히 상품을 파는 것이 아니라 사람들의 삶에 긍정적인 영향을 미치는 가치를 창출하는 것.

돈은 선량함이나 갖추고 있는 자격의 척도가 아니다. 돈은 영향력의 척도다. 더 많은 수입을 원하는가? 그렇다면 더 많은 삶에 영향을 미쳐라.

8장

잠재 고객은 없다

“사람을 대하는 기술을 알고 싶나요?
그렇다면 본인 먼저 ‘사람’이 되십시오.”
—데브라 대븐포트

두 번째 법칙은 ‘당신의 소득은 얼마나 많은 사람에게 얼마나 많이 도움을 주는지와 정비례한다’는 것이라 했다. 눈치챘는지 모르겠다. 얼마나 많은 **잠재 고객**이 아니라 얼마나 많은 **사람**을 섬기는지가 핵심이다.

보통 영업의 세계에서는 미래에 고객이 될 가망이 있는 대상을 **잠재 고객**prospect이라 부른다. 단어 자체에 나쁜 의미가 있는 건 아니지만, 우리의 사고방식을 잘못된 방향으로 이끌 수 있다.

'prospect'라는 단어는 '멀리 내다보다'라는 뜻의 라틴어 'prospicere'에서 왔다. 여기에는 기대와 희망, 의도와 바람의 뉘앙스가 섞여 있다. 1800년대 중반, 이 단어는 사금을 찾기 위해 물가로 사람들이 몰리던 골드 러시와 결합되어 사용되면서 곧 덥수룩한 수염을 기른 금 탐사자의 이미지가 만들어졌다. 이런 맥락에서 영업의 잠재적인 타깃이자 거래 성사의 가망이 있어 보이는 고객을 'prospect'라 부르게 되었다.

마치 이런 식이다. "저기 잭이 있네. 아주 훌륭한 잠재 고객이야. 한번 체에 넣고 흔들어보자고. 진흙 속에 금이 숨어 있을지 모르잖아."

그러나 금을 채취하듯 사람을 걸러내는 것은 우리의 목적이 아니다. 우리가 찾는 것은 더 많은 삶에 가닿을 기회다.

현실에 '잠재 고객'이란 존재하지 않는다. 그건 단지 영업사원의 머릿속에만 있는 개념이다. 그리고 이 개념이 머릿속을 지배할수록, 눈앞에 살아 숨 쉬고 심장이 뛰는 사람을 제대로 바라보지 못하게 된다. **거래 성사는 개념일 뿐이다. 삶에 닿는 것은 현실이다.** 세일즈는 머릿속 개념이 아니라 **사람**에 관한 것이다.

사전은 'prospect'를 '미래 사건에 대한 가능성, 일어날 법한 일, 또는 그에 대한 마음속 이미지'로 설명한다. 누군가를 **미래 사건의 가능성**으로만 보는 것은 그를 **사람**으로서 바라보지 못하는 것이다.

물론 우리는 항상 새로운 가능성을 찾는다. 그러나 그 의미를 명확히 해야 한다. 새로운 사람을 만날 때마다 우리는 이렇게 물어야 한다. '내가 이 사람의 삶에 닿아 변화를 만들어낼 가능성은 얼마나 될까?'

스베틀라나 김Svetlana Kim은 1991년 구소련을 떠나 영어 한마디 못 하는 상태로 단돈 1달러만 들고 미국 뉴욕에 도착했다. 그녀는 사람들의 삶에 아주 조금이라도 가치를 보탤 방법을 찾아 새로운 삶을 개척해나갔다. 처음에는 집을 청소했고, 백화점에서 화장품도 팔았다. 그리고 머지않아 끝없는 노력의 결과로 성공한 금융 자문가가 되었다.

2006년, 스베틀라나는 워싱턴 D.C.로 이주해 도시에서 가장 권위 있는 PR 회사 중 하나인 퍼블릭 어페어스 그룹Public Affairs Group에서 일하게 되었다.

처음엔 너무도 설렜습니다. 하지만 얼마 지나지 않아서 불과 9개월 안에 63만 2000달러나 모금해야 하는 임무를 받았어요! 저는 제가 주식과 채권을 파는 게 아니라 회원권과 기업 후원이라는 '기업을 응원하고 성장시킬 기회'를 제공하는 것으로 생각하기로 했습니다.

어느 날, 다양성과 리더십에 관련한 한 회의에 참석한 스베틀라나는 유로아메리칸 여성 위원회Euro-American Women's Council, EAWC를 설립한 룰라 로이 알라포이아니스 Loula Loi Alafoyiannis와 우연히 만났다.

우리의 첫 대화는 짧지만 다정하고 간결했어요. 룰라는 자신을 소개하면서 러시아어로 "전 룰라예요. 러시아어를 잘하죠. 자주 연락해요"라고 얘기하더군요.

스베틀라나는 이후 룰라와의 관계에 온 정성을 들였다. 룰라가 참석하는 행사에 빠지지 않고 참가했고, 감사 편지와 사진을 보냈으며, 전화가 걸려 오면 항상 곧바로 답했다. 룰라가 아플 때는 전화로 안부를 물었다.

저는 룰라에게 그가 그저 한 명의 고객이 아니라 한 **사람**으로서 중요한 존재임을 알리고 싶었어요. 곧 룰라는 자기 친구들을 제게 소개해주고 고객도 연결해주기 시작했죠. 얼마 안 가서 전 목표를 달성할 수 있었어요. 그것도 30만 달러나 초과해서요!

스베틀라나는 1년이 채 안 되어 100만 달러에 달하는 모금 실적을 달성하며 회사에서 두 번째로 큰 성과를 거두었다. 스베틀라나는 이렇게 덧붙였다. "무엇보다 중요한 건, 룰라와 영원한 단짝 친구가 되었다는 거예요."

많은 삶에 닿는다는 건 곧 많은 사람을 만난다는 뜻이다. 많은 만남을 이루려면 먼저 진심으로 그런 만남을 원해야 한다. 타인의 삶에 다가가는 유일한 방법은 있는 그

대로의 자신으로 그들과 함께 있는 것을 편안히 받아들이는 것이다. 그들을 대상으로 프레젠테이션이나 고객 분류 및 선별을 하는 게 아니라 그저 사람과 사람으로 함께하는 것이다. 훌륭한 세일즈맨이 되기 위해 꼭 탁월한 말솜씨나 외향적인 성격이 필요한 게 아니다. 정말 필요한 것은 그 사람을 알고 싶어 하는 마음, 그리고 그들과 함께 있는 것을 편안히 여기는 능력이다.

이런 질문을 할지도 모르겠다. "그런데 그 사람들이 제 상품에 관심이 있을지 없을지 어떻게 알죠?"

모른다. 알 필요도 없다. 그건 당신이 하려는 일이 아니기 때문이다. 당신은 사람을 만나려는 것이지, 고객을 만들려는 게 아니다. 그저 인간 대 인간으로서 사람들을 만나고, 그들의 삶에 진심으로 관심을 갖는 것이다.

그들 중 일부가 당신의 상품이나 서비스에 관심을 보일 수 있다. 또 어떤 이들은 당신에게 다른 고객을 많이 연결해줄 수도 있다. 그러나 이런 결과는 저절로 때가 되면 찾아온다. 순서가 바뀌어선 안 된다. 말이 수레를 끄는 것이지, 수레가 말을 끄는 게 아니다.

핵심은 **가능한 한 많은 상품을 파는 것**도, **가능한 한 많은 사람에게 파는 것**도 아니다. 가능한 한 많은 삶에 닿는 것이다. 판매와 고객 추천은 그 결과로 따라오는 부산물일 뿐이다. '가치'라는 번개가 치면 판매와 고객 추천은 천둥처럼 그 뒤를 따른다.

9장

라포를 형성하라

에르네스토가 말했다. "나는 늘 아이들의 이름을 잘 기억했지."
"그리고 아이들의 생일도." 핀다가 말을 이어갔다.
"아이들이 좋아하는 색깔, 좋아하는 만화 주인공, 단짝 친구 이름…."
핀다는 조를 힐끗 보며 마지막 단어에 힘을 주었다. "그 밖의 것들까지도."

질문을 하나 던져보겠다. "전형적인 세일즈맨"이라 하면 어떤 수식어가 가장 먼저 떠오르는가?

우리가 청중에게 이 질문을 던지면, '겉만 번지르르한', '열성적인', '중고차 판매' 같은 답이 나온다. 하지만 압도적으로 흔한 대답은 '말이 빠른'이다. "이걸로 썰고 다지고 짜내고 뽑아내고 채까지 썰 수 있어요. 잠깐만요, 그것 말고도 더 있어요!"

왜 세일즈맨들은 말이 빠를까? 더 많은 정보를 욱여넣기 위해서다. 하지만 더 많은 정보가 훌륭한 세일즈로 이어지는 것은 아니다. 훌륭한 세일즈는 사람들의 삶에 가닿으면서 미치는 영향력에서 만들어진다. 흔히 '말발이 좋은 사람'이어야만 성공적인 세일즈맨이 될 수 있다고 믿지만, 오히려 알맹이 없이 수다만 떠는 사람은 **가장 비효율적인 소통가**로 전락하고 만다. 상대의 입을 닫아 진실한 대화를 할 수 없게 만들기 때문이다.

성공적인 세일즈맨의 본질은 타인과 유대감을 쌓는 능력에 있다. 훌륭한 대화란 공통의 관심사를 발견하고, 그 관심사를 통해 자연스럽게 유대를 쌓으며, **상대가 빛나도록 자리를 내어주는** 행위다. 이처럼 조화로운 유대감을 가리키는 단어가 있다. 바로 '라포rapport'다.

당신의 소득이 얼마나 많은 이에게 얼마나 헌신하는가에 달려 있다면, 사람들과 라포를 형성하는 법을 아는 것이야말로 당신의 경제적 미래를 결정짓는 열쇠가 된다.

라포 형성은 타고나는 재능이 아니라 누구나 익힐 수 있는 기술이다. 전통적 의미의 세일즈와는 전혀 관련 없는 일을 하고 있더라도 배워둘 가치가 충분하다. 타인과 친밀한 관계를 맺는 능력은 인간에게 가장 기본적이면서도 우리의 삶을 한층 풍요롭게 만들어주는 기술이다.

유대감을 쌓는다는 것은, 서로의 차이에 주목하는 것과는 정반대의 일이다.

흔히 사람들이 날씨 이야기로 대화를 시작하는 이유는 지금 함께 경험하고 있는 요소이기 때문이다. 이게 라포 형성의 본질, 즉 '공통의 경험을 찾는 것'이다. 스탠드업 코미디언들이 공연 중에 "여기 뉴저지에서 오신 분 있나요?" 같은 말을 던지는 걸 본 적 있지 않은가? 바로 공통의 연결고리를 건드리는 장치다. 처음 만난 누군가와 같은 고등학교를 나왔거나, 같은 취미를 가졌거나, 아이들 나이가 같거나, 같은 밴드를 좋아한다는 사실을 알게 되면 기쁘고 친근하게 느껴지는 이유도 여기에 있다.

재능 있는 배우자나 똑똑하고 운동 잘하는 자녀에 관해 이야기하는 건 누구나 무척 좋아한다. 다만, 함정이 하나 있다. 가족에 대한 자부심이 큰 나머지 한술 더 뜨고 싶은 충동이 생길 수 있다는 점이다.

어떤 사람이 자랑스러운 투로 "우리 딸은 이번 학기에 전 과목에서 A를 받았어요!"라고 말했다고 하자. 그럴 때 이렇게 대답하는 건 아무 도움도 되지 않는다. "정말 기쁘시겠어요. 저도 그 기분 알아요. **우리** 딸도 우등생 명단에 들었거든요. 수석 졸업 예정인 데다가 선생님들은 우리 아이가 하버드대학교에 조기 입학도 가능하겠다고 말씀하더라니까요!"

서로의 공통점을 찾되, 그 공통점이 **자신**의 이야기로 새는 우회로가 되어서는 안 된다. 지금은 내 이야기를 하려는 게 아니니까.

상대가 열네 살짜리 똑똑한 딸 이야기를 꺼냈는데, 당신에겐 열네 살 딸은커녕 자녀가 없을 수도 있다. 그래도 아무 문제 없다. "와, 열네 살이라니, 참 좋은 나이네요! 우리도 열네 살 때가 있었잖아요? 그 시절 기억하세요?"라고 말할 수 있다. 그러면 그는 아마 미소 지으며 고개를 끄덕일 것이다. 당연히 그때를 기억하고 있을 테니 말이다. 우리는 모두 인류라는 한 가족의 일부다.

세일즈에서는 라포를 형성하기 위한 대화 공식으로

Family(가족), Occupation(직업), Recreation(여가활동), Message(메시지)의 머리글자를 딴 'FORM'이라는 용어가 있다. 이 주제들을 언급하면 공통의 관심사를 찾아낼 가능성이 높다는 뜻이다. 이보다 더욱 정교한 세일즈 대화 기술도 있는데, 신경언어학적 접근법이나 성격 유형별(외향형, 친화형, 분석형, 실용형 등) 접근법 등이 대표적이다.

이런 기법들은 흥미로운 통찰을 제공한다는 점에서 익혀둘 만한 가치가 있다. 하지만 친밀감을 쌓는 데 심리학 박사 학위나 고도의 연구 결과가 필요하지는 않다. 기억하라. 내가 알아가려는 상대도 나와 같은 **인간**이다. 라포를 형성하는 가장 단순한 방법은 '웃음'이다. 멋들어진 기법은 아닐지라도, 라포 형성에 가장 효과적인 지름길이다. 여기에 몇 가지를 덧붙이자면 다음과 같다.

- 예의 지키기
- 말 끊지 않기
- 듣기
- (다시 강조하지만) 웃음 짓기

- '부탁합니다'와 '고맙습니다'와 같은 표현을 잊지 않기
- 상대에게 진심으로 관심 갖기

어린 시절 걸스카우트에서 쿠키를 팔았던 테리 머피 Terri Murphy는 성인이 되어 시카고에서 매년 100채가 넘는 집을 팔았다. 테리는 말했다. "전 어떤 상황에서도 다른 사람들을 편안하게 해주는 게 정말 좋았어요. 그 과정에서 얻은 교훈 하나는 아주 작은 '라포'만 있으면 어떤 큰 장벽도 금세 부드러워지거나 곧 사라진다는 거예요."

어느 날, 강연을 하러 남편과 함께 하와이로 향하던 테리는 로스앤젤레스 공항에서 어떤 일을 겪었다.

한 시간 넘게 줄 서서 기다린 끝에, 델타 항공 크라운 룸 Delta Crown Room 라운지 직원에게 예약 티켓을 보여주었습니다. 그런데 직원이 한참 들여다보더니 "죄송하지만, 예약에 문제가 있는 것 같습니다. 재발권하려면 메인 터미널로 돌아가셔야 합니다"라고 하더군요.

다시 돌아가 문제를 해결하고 또 긴 시간을 기다리면

비행기를 놓칠 것 같았어요. 남편은 미국 남부 남자 특유의 공손함으로 그 직원이 직접 도와줄 수 없을지 최대한 부탁해보았지만 직원은 아주 단호했죠.

어쩔 수 없이 돌아서려던 찰나, 직원을 다시 봤어요.

저는 언어 전문가는 아니지만 이탈리아 이민자 출신의 대가족에서 자란 까닭에 우리 가족이 처음 미국에 왔을 때 겪었던 어려움을 또렷이 기억하고 있어요. 서툰 영어를 쓰던 우리에게 동네 사람들이 얼마나 조급하게 굴었는지도 말이죠. 그래서 전 외국인을 만나면 그들의 언어로 감사를 어떻게 표현하는지 꼭 묻곤 합니다. 감사는 제 삶의 핵심 가치 중 하나인데, 그들과 연결되고 문화를 존중하는 즐거운 방식이 되어주거든요.

어릴 때 우리 가족이 자주 가던 세탁소 주인은 한국인이었는데 영어가 거의 통하지 않았어요. 그래도 우리가 옷을 맡길 때마다 그분은 환한 웃음과 함께 최대한 열심히 혀를 굴리면서 이탈리아어로 고맙다고 말해주었어요. 그럼 저도 엉성한 한국어로 "감사합니다"라고 화답했죠. 그럴 때마다 둘 다 웃음을 터뜨렸어요.

델타 항공 크라운 룸 라운지에서 남편이 직원을 붙들고 열심히 설득하는 동안, 직원의 명찰을 보았는데 한국 이름이 적혀 있더군요. 설령 우리를 돕지는 못하더라도 그분의 하루를 조금이나마 기쁘게 해주고 싶었어요.

제가 미소 지으며 "감사합니다"라고 서툰 한국어로 인사를 건넨 뒤, 돌아서서 라운지를 나서려는데 뒤에서 급하게 "잠시만요"라는 소리가 들려왔어요. 돌아보니 그 직원이었죠. "잠시 여기 앉아서 기다려주시겠어요? 제가 방법을 알아볼게요."

늘 애정 어린 시선으로 상대와 라포를 형성하려 애쓰는 테리를 보면, 그녀가 부동산으로 큰돈을 벌어 "1400만 달러의 여자"라는 별명을 얻은 게 너무도 당연해 보인다.

현대 심리치료의 거장인 밀턴 H. 에릭슨_{Milton H. Erickson}은 라포 형성의 대가였다. (라포 형성에 기반을 둔 신경언어학적 접근법도 부분적으로는 그의 연구에서 발전한 것이다.) 탁월한 이야기꾼이기도 했던 에릭슨은 사람들에게 가족 농장에서 자란 어린 시절 일화를 자주 들려주었다.

에릭슨이 대학 등록금을 벌기 위해 책을 팔던 때였다. 어느 날, 그는 까칠한 성격의 나이 든 농부를 만났다. 돼지 여물을 주느라 바빴던 농부는 책에 눈곱만큼도 관심이 없었고, 에릭슨에게 방해 말고 썩 꺼지라는 말로 일관했다. 그러던 중, 에릭슨은 무심결에 납작한 돌멩이 하나를 주워 돼지들의 등을 긁어주기 시작했다. 농부는 이를 지켜보더니 놀랍게도 마음을 바꿔 책을 몇 권 사겠다고 했다. 이유를 묻자 농부는 이렇게 답했다. "자네가 돼지 등 긁어주는 법을 알아서일세."

라포는 상대의 모국어를 존중하는 세심한 배려일 수도, 돼지 등을 긁어주는 소소한 행동일 수도 있다. 결국 중요한 것은 진정성과 인간다움이다.

10장

사람을 대하는 기술

"다른 누군가를 따라 하거나 다른 누군가에게 배운 행동을 흉내 내는 한,
결코 사람들의 마음에 닿을 수 없습니다."

—데브라 대븐포트

"혹시 판매를 생각만 해도 겁이 날 때가 있나요? 그 마음, 이해합니다. 저도 예전엔 똑같이 느꼈으니까요. 그런데 경험을 쌓으면서 이런 사실을 깨달았습니다…."

혹시 방금 한 말 속에 숨은 패턴을 눈치챘는가? 바로, 세일즈맨들이 자주 쓰는 3F 화법이다. 예컨대 "당신의 기분Feel을 알아요(수용). 저도 똑같이 느꼈거든요Felt(공감). 그래서 제가 찾은Found 대안은 이겁니다(설득)" 같은 식

이다. 그 밖에도 "이걸 **사야 한다면** 어떤 색이 가장 좋으세요?"라고 계약을 유도하는 수많은 팁과 요령과 기법들이 존재한다. 이런 것들은 제때 제대로 쓰면 유용할 수 있지만 때론 걸림돌이 되기도 한다.

이런 기법들이 아예 쓸모가 없다는 게 아니다. 당신과 고객 모두에게 도움이 될 수 있는 쓸모 있는 영업 기술들은 여럿 있다. 하지만 문제는 어떤 기법이나 공식에만 온통 신경을 쓰느라 정작 당신이 신경 써야 할 곳, 즉 '상대방'에 전념하지 못할 때 생긴다.

어떤 영업 기술이든 '지금 내가 무엇을 하고 있는가'를 의식하게 하는 것들은 당신과 상대 사이에 거리를 만든다. 바로 이 때문에 영업 기술은 실제 사용될 때 종종 어색함과 불편함을 낳는다. 대개 대화의 중심이 '상대방'이 아닌 '나'에게 맞춰지기 때문이다.

물론 영업 기술은 잘 연마하면 제2의 재능이 될 수도 있다. 바이올린 연주, 비행기 조종, 심장 수술처럼, 철저하게 훈련한 사람이 기술을 사용할 때는 전혀 어색함 없이 자연스럽고 아름답게 작동한다. 하지만 바이올리니스트나 항공기 조종사, 심장외과 의사가 되는 데 필요한 수년간의 혹독한 반복 훈련을 견뎌내는 이들은 많지 않다.

다행히도 세일즈는 심장 수술이 아니다. 오히려 데이트나 새 친구 사귀기에 훨씬 가깝다. 기본기를 익히는 데 몇 년씩 걸리지 않는다. (몇 번 망친다 해서 누군가 죽는 일도 없다.) 《더 기버 1》에서 데브라 대븐포트는 이렇게 말한다. "여러분이 어떤 목표를 세우든, 그걸 이루는 데 필요한 건, 지식이나 기술이 10퍼센트 남짓을 차지합니다. 나머지 90퍼센트 이상은 결국 **사람을 대하는 기술**이에요." 이런 훌륭한 대인 기술을 기르는 일은 로켓 과학처럼 복잡하지 않다.

전통적인 영업 기술 중에도 진정한 공감을 바탕으로 하는 것들이 많다. 예를 들어 3F 화법의 근본 발상에는 상대의 경험과 감정을 존중하는 태도가 깔려 있다. 그러나 막상 실전에서 이는 너무 정형화된 표현으로 들리기 쉽다. 그러면 상대는 금세 '지금 내게 영업 기술을 쓰고 있구나' 하는 느낌을 받게 되고, 그동안 공들여 쌓아 올린 라포는 단숨에 무너지고 만다.

이런 기술들을 단순히 기계적으로 쓰지 않기 위한 한 가지 방법은 '지금 이 순간, 진짜 진실은 무엇인가?'라는 질문을 스스로 끊임없이 묻는 것이다. 예를 들어 "네, 저도 그 마음 잘 알아요"라고 말하기 전에 자문해보라. '정말 나는 그 마음을 이해하는가? 정말로 똑같이 느껴본 적이 있는가?' 대부분 3F 화법에서 '수용'과 '공감'은 서론에 그칠 때가 많다. 자신이 정말 말하려던 부분인 '설득', 즉 내가 경험해서 아는 것으로 대화를 이끌기 위한 형식적인 제스처로 전락하는 것이다. 그렇게 되면 대화는 결국 '나 중심'으로 흐르게 된다.

때로는 그저 솔직하게 말하는 편이 훨씬 낫다.

정말 힘드셨겠네요. 전 겨우 짐작만 갈 뿐이에요. 똑같이 느껴본 적이 있다고 차마 말씀을 못 드리겠어요. 그래서 그때 어떻게 하셨나요?

상대의 말을 듣고 진심에서 우러나온 반응을 보이는 것이 미리 짜인 패턴으로 대화를 몰아가려는 시도보다 훨

썬 효과적이다.

9장에서 언급한 FORM(가족, 직업, 여가활동, 메시지) 접근법도 상대방과의 공통분모를 찾는 데 도움이 된다. 하지만 이 또한 기계적이거나 과하게 쓰지 않도록 주의해야 한다. "그래서, 지금 사는 동네는 뭐가 마음에 들어요?" 같은 질문 공세에 질려하는 사람들을 자주 볼 수 있다. 의도는 좋지만 과하게 훈련받은 영업사원들이 이런 식으로 다그치듯 캐물으면, 상대는 심문당하는 듯한 기분이 들고 라포를 쌓을 기회는 곧바로 사라진다.

흔히들 상대의 이름을 자주 부르는 게 효과적이라고 한다. "잭, 만나서 정말 반가워요." 이것도 물론 훌륭한 존중의 표시일 수 있지만 쉽게 역효과가 나기도 한다.

먼저, 이름을 **정확히** 알고 말해야 한다. 상대의 이름을 정확히 확인하는 일은 가장 기본적인 존중의 표시다. 반대로, 잘못 발음하거나 우물거리거나 헷갈리는 것은 상대의 기분을 상하게 하는 가장 확실한 길이다. "난 이름을 정말 잘 못 외워"라고 말하는 사람들이 있다. 그건 "난 웃는 법을 몰라"라는 것과 다르지 않다. 그만큼 익숙해질 때까지 노력해야 할 가치가 있는 일이다.

둘째, 이름을 정확히 알았다면 존중을 담아 불러야 한다. 좋은 친구를 부르듯이 말이다. 이름을 부르는 것은 마치 팔에 살짝 손을 얹는 가벼운 터치와 같다. 적절히 쓰면 친밀감의 표시가 되지만, 과하면 소름 끼치고 심지어 영역을 침해받는 것처럼 느껴질 수 있다.

오늘날 사람들은 눈치가 빨라서 누군가가 영업 기법을 쓰고 있다는 걸 금세 알아챈다. 이런 기술과 기법은 세일즈에서 분명 유용한 도구가 될 수 있지만 어디까지나 균형 있게 다뤄야 한다. 기억할 만한 좋은 원칙이 하나 있다. 확신이 안 선다면, 기술에 집착하지 말고 그저 나답게 행동하라는 것이다.

또 하나의 원칙이 있다. 자신의 초점을 항상 **상대에게 제공할 가치**에 두는 것이다.

우리의 독자이자 대도시의 커뮤니티 서비스 기관에서 모금을 벌이는 로라Laura는 이렇게 말한다.

매년 각 직원에게 모금 목표가 주어집니다. 기금은 우리

도심을 활기차고 안전하고 깨끗하고 잘 관리되도록 정비하는 데 쓰이죠.

올해 제 목표는 5000달러였는데 《더 기버 1》을 읽은 뒤 1만 5000달러를 모을 수 있었어요. 그중 약 3분의 1은 목표를 채우지 못한 다른 동료들에게 넘겨주었어요.

어떻게 한 걸까? 로라의 설명이다.

도심에서 사업하는 업주나 매니저들을 만날 때마다 제가 그분들에게 **가치를 더하고** 있다는 점, 더 정확히는 제가 성금을 부탁하는 금액 **이상**의 가치를 전달해야 한다는 점을 늘 마음에 두었습니다.

로라가 구사한 '기술'은 모금액을 훨씬 넘어서는 진정한 가치를 사람들에게 제공하겠다는 사실에 항상 초점을 맞춘 것이다. 그렇게 함으로써 로라는 목표를 훨씬 뛰어넘는 모금액을 달성했다.

당신에게 돌아오는 보상은 사람들에게 끼친 영향력의

메아리다. 내가 아니라 상대에게 초점을 맞출수록 나 자신의 영향력은 필연적으로 더 크게 증폭된다.

세일즈에 필요한 핵심 기술은 **사람을 알아가는** 일이다. 편안하게 대화를 나누고 귀 기울여 듣고 상대방에 대해 진정으로 관심을 갖는 것이다. 초점을 상대에게 두라. 그러면 당신의 영향력은 저절로 따라올 것이다.

11장

당신의 손전등을 상대방에게 비춰라

조는 지금까지 핀다가 단 한 번도 자신의 '과제'에 대해
묻거나 확인한 적이 없었음을 깨달았다. 그런데 왜 갑자기 묻는 걸까?
핀다를 흘끔 보니 그냥 한번 떠보려는 것 같진 않았다.
그저 진심으로 알고 싶어서 물어본 것이었다.

세일즈에는 이런 표현이 있다. "100킬로그램짜리 전화기." 무슨 뜻일까? 전화를 걸어 세일즈를 하는 일이 때로는 너무나 무겁고 힘겹게 느껴진다는 말이다.

왜일까? 대부분의 세일즈맨이 통화를 꺼리는 가장 큰 이유는 전화를 거는 일이 불편하게 느껴지기 때문이다. 그 원인은 다양하지만 결국 한 가지로 귀결된다. 통화를 하면서 자기 자신을 의식하고 있기 때문이다.

세일즈에서는 종종 이런 불편함을 극복하는 방법으로 자신이 파는 제품과 서비스에 대한 열정을 끌어올리라고 조언한다. "열정enthusiasm의 마지막 네 글자 'iasm'은 'I Am Sold Myself(나는 스스로를 확신시켰다)'의 약어"라는 말이 있을 정도다. 하지만 열정이 넘친다고 해서 항상 사람을 끌어당기는 건 아니다. 때로는 그 열정이 지나쳐 오히려 상대를 불편하게 만들 수도 있다.

게다가 스스로 열정을 끌어 올리는 방식은 결국 또다시 나 자신을 중심에 두는 것이다.

인간의 의식은 놀라운 힘을 가진 동시에 큰 한계를 지닌다. 우리의 무의식과 자율신경계는 초당 수십억 개의 데이터를 처리하고 수백만 가지 생리 작용을 동시에 수행할 수 있다. 그러나 우리의 의식은 30초 전에 들은 여덟 자릿수의 전화번호를 기억하는 것도 힘들어한다. 무엇보다도 의식은 두 가지 생각을 동시에 할 수 없다.

이 사실은 세일즈에서 심오한 시사점을 가진다. 당신이 자신을 생각하는 동안에는 상대를 생각할 수 없다는 것이다. 반대로 말하면, 자기중심의 생각을 멈추는 가장 효과적인 방법은 상대를 생각하는 것이라는 뜻도 된다. 이것이 전화기를 무겁지 않게 만드는 비밀이다. 바로, 상대에 대해 **진심 어린 호기심을 갖는 것이다.**

인간은 모두는 호기심을 타고난다. 호기심은 본성이다. 믿기지 않는다면 아기를 한번 지켜보라. 15분만 봐도 호기심이 얼마나 자연스러운 본능인지 분명히 깨달을 것이다. 물론 모든 사람이 그 본성을 똑같이 쉽게 발휘하는 건 아니다. 여기에도 연습이 필요하다. 처음에는 어렴풋이 떠오르는 호기심에 의식적으로 주의를 집중해야 할지도 모른다. 이는 아주 가치 있는 훈련이다. 세일즈에서 가장 위대한 기술을 하나 꼽는다면, 다른 사람들에게 깊은 관심을 갖는 능력이다.

타인에게 호기심과 관심을 두는 순간, **모든 사람이 흥미**로운 존재가 된다. 은행 창구 직원, 카페 종업원, 정원 관리인, 항공사 직원, 심지어 저녁 식사 시간에 전화를 걸어오는 텔레마케터까지…. 상대에 관해 알고 싶은 마음이 발동하면 누구와도 어떤 상황에서도 대화를 시작할 수 있다. 아무리 일면식 없는 사람들이라도 당신의 진심이 가

닿는 순간 따뜻해지기 시작한다.

두 번째 법칙의 핵심은 수익 창출의 열쇠가 가능한 한 많은 사람의 삶에 닿는 데 있다는 것이다. 그러려면 더 많은 사람을 알아가야 하고, 진심으로 그들에게 관심을 가져야 한다. 단지 내 제품을 살지도 모른다는 이유 때문이 아니라 그 사람 자체에 대한 관심만으로 말이다.

오로지 물건을 팔기 위해 사람들에게 다가가는 순간, 머릿속에 이런 체크리스트가 떠오르기 시작할 것이다. '이 사람에게 사는 동네를 물어봤나? 지금 삶에서 불만족스러운 점은 뭐라고 했지? 관심사를 물어봤던가? 잠깐, 방금 한 말을 놓쳤네!' 반면, 진정한 호기심 때문에 상대를 알아가려 한다면, 그런 체크리스트나 영업 기술에 매달리지 않아도 된다.

우리의 관심은 손전등과 같다. 어디에 빛을 비추는가에 따라 관심의 방향도 정해진다. 그 방향은 스스로에게 질문을 던져 파악할 수 있다.

나 지금 제대로 하고 있나? 이 사람이 내 제품을 구매할까? 대화가 진전은 되고 있나? 다음엔 뭐라고 하지?

만약 마음속에 떠오르는 질문이 앞과 같다면 당신은 지금 손전등을 자기 자신에게 비추고 있는 셈이다. 하지만 당신의 질문이 다음과 같다면 어떨까?

이 사람의 진짜 모습은 어떨까? 무엇을 가장 좋아할까? 인생에서 가장 소중한 순간은 언제였을까? 세상에서 가장 중요한 건 뭘까? 이 사람은 어떤 사람일까?

당신은 손전등을 상대를 향해 비추면서 당신 안의 본능적인 호기심과 공감 능력을 불러내고 있는 것이다.

대화할 때는 돈, 거래 성사, 성공, 생존처럼 **나 자신**에 관한 생각은 잠시 내려놓아야 한다. 대신 상대에 대한 호기심과 진심 어린 관심에 집중하라. 그러면 긴장하거나 어색해질 틈도, 자책할 여유도 없어질 것이다. 당신은 이미 **상대**에게 마음을 쏟느라 충분히 바쁠 테니 말이다.

12장

반응하지 말고 대응하라

조와 핀다가 건물로 들어서는데 누군가가 너무 붐빈다고 투덜대며
거칠게 사람들을 밀고 지나가다 핀다와 어깨가 부딪쳤다.
놀랍게도 핀다는 그에게 미소를 지어 보였다.

세일즈에서 성공하려면 내면의 감정을 다스리는 법을 배워야 한다. 이 책의 네 번째 법칙이 '진정성의 법칙'인데, 감정을 함부로 드러내서는 안 된다니 모순이 아닌가 의문을 품을지도 모르겠다. 그러나 감정을 다스리는 것은 가식이나 부정직함이 아니다. 감정을 있는 그대로 인정하되, 그것이 자신의 행동을 좌우하지 못하도록 하는 것이다. 즉, 감정에 끌려가지 않도록 다스리는 것이다.

심리학자 대니얼 골먼Daniel Goleman은 이 능력을 감성 지능emotional intelligence이라 불렀는데, 훌륭한 세일즈맨이 갖춰야 할 자질이기도 하다. 한마디로 '성숙함'이다.

이때, 감정적 성숙이란 '자신의 감정을 존중하면서도 상대의 감정에 초점을 맞추는 능력'을 뜻한다.

살다 보면 여러 상황과 사람들이 분노, 좌절, 짜증 같은 감정을 불러일으킬 수 있다. 여기서 **불러일으킬 수 있다**는 말에 주목해야 한다. 그런 상황이 반드시 그런 감정을 **느끼게 한다**는 뜻이 아니라는 얘기다. 누구도 당신을 화나거나 좌절하거나 짜증 나게 **만들** 수 없다. 그들은 단지 자신이 하고 싶은 말과 행동을 할 뿐이다. 그 말과 행동에 어떻게 대응할지는 오직 당신에게 달려 있다.

이것이 **반응**과 **대응**의 차이다. 반사적인 '반응'은 외부 상황에 따라 자신의 감정이 드러나는 것이다. 그러나 의식적인 '대응'은 자신이 스스로 행동과 감정을 선택하는 것이다. 이런 개념을 잘 구분하고 인식하면 여러 상황이나 문제에 휘둘리지 않고 그 속에서 해답을 찾아가며 살아갈 수 있다. 흥미롭게도 이런 성숙함은 전염된다. 당신이 성숙하게 행동하면, 상대 또한 자연스럽게 성숙한 방식으로 반응하게 된다.

감정에 잘 대응하는 사람이 되기까지는 많은 연습이 필요하며, 결코 쉬운 일도 아니다. 하지만 이 습관은 매우 값지고 수익성도 크다. 한 가지 효과적인 방법은, 어려운 상황을 떠올리고 그 상황을 자신이 침착하고 능숙하게 대처하는 모습을 상상하는 것이다. 거기에 더해 상대의 긍정적인 반응까지 마음속에서 그려보라. 우주비행사가 실제 임무에 나서기 전에 수없이 모의 비행을 훈련하듯이, 이런 상상 훈련을 거듭하면 실제 상황이 닥쳤을 때 훨씬 더 잘 대처할 수 있다.

"전문성의 본질은 기분이 내키지 않아도 출근하는 데서 나온다"라는 말처럼, 감정과 기분은 늘 오락가락한다. 때로는 아무에게도 관심을 주고 싶지 않고 가치 제공 따위 신경 쓰고 싶지 않을지도 모른다. 친절하게 굴 마음도 사라질 때가 있다. 괜찮다. 다 자연스러운 일이다. 잠깐 발이 저리다고 해서 발을 잃은 건 아니지 않은가. 감정은 곧 돌아올 테니 기다리면서 해야 할 일을 하면 된다.

그럴 기분이 아닌 상황에서 마음에서 우러나오지 않는 행동을 하는 건 진정성이 없는 것일까? 그렇지 않다. 오히려 자신이 옳다고 믿는 방식대로 행동하는 것이라 할 수 있다. 사실, 감정은 행동을 **뒤따라올** 때가 많다. 당장은 배려하고 싶은 마음이 들지 않더라도 상대를 배려하는 행동을 하면 놀랍게도 금세 그런 마음이 뒤따라온다.

거스가 조에게 말한 대로다. "때로는 바보처럼 느껴지고 심지어 바보처럼 보여도 그냥 할 일을 하면 되네."

성공적인 비즈니스 코치이자 컨설턴트인 딕시 길래스피Dixie Gillaspie는 감정적 성숙함을 통해서 얼마나 쉽게 누군가의 삶에 긍정적인 영향을 미칠 수 있는지를 잘 보여주는 아름다운 이야기를 들려주었다.

순수했던 어린 시절 제가 만든 간단한 게임이 하나 있어요. 이름하여 '어떻게 당신을 웃게 할 수 있을까?'였습니다. 저는 만나는 모든 사람에게 미소를 지어 보였습니다. 그것만으로 충분할 때도 있었고, 가끔은 짧은 대화가 필요하거나 여러 번 만나야만 웃음을 끌어낼 수 있었죠. 이윽고 저는 **누구든** 미소 짓게 만들 수 있다는 걸 깨달았습니다.

20대 초반에 캔자스 로렌스의 한 회계 사무소에서 일했는데, 이 게임 얘기를 들은 동료들은 절대 웃지 않을 사람이 한 명 있다며 내기를 제안했습니다. 그분만큼은 절대로 제가 웃기지 못할 거라 장담하더군요. 그분은 매달 찾아오지만 사무실에는 들어오지도 않고, 차 앞에서 경적을 울리면 우리가 직접 회계 보고 자료를 들고 나가야 했습니다. 농담은커녕 아무런 대화도, 미소도 없는 분이었죠.

동료들에게 제가 말했습니다. "내기할까요?"

그 후 몇 달 동안 딕시는 그 고객이 올 때마다 보고서를 들고 밴까지 직접 찾아갔다. 하지만 몇 달이 지나도록 그는 한 번도 미소 짓지 않았다. 수의사였던 그는 종종 개들을 차에 태우고 다녔는데, 딕시는 동물을 좋아하는 마음을 나누면 그와 연결될 수 있지 않을까 생각했다. 개들이 딕시를 반기는 모습을 보며 그 고객도 조금씩 마음을 여는 듯했지만, 끝내 미소는 보이지 않았다.

5개월간 지속되는 무표정을 보면서 저는 내기에서 지는 듯했지만 포기하지 않았죠. 그러다 12월이 되었습니다.

회계 사무소에서 12월은 정말 정신없는 시기입니다. 월말 및 연말 마감, 세금 정산 준비로 파티는 꿈도 못 꾸죠. 심지어 그 고객에게 줘야 할 회계 보고서가 제 선반에 놓여 있다는 사실조차 잊고 있었어요. 그런데 책상에서 고개를 들었을 때, 놀라운 광경이 눈앞에 펼쳐졌습니다. 그 고객이 밴에서 내려 사무실 문 앞에 서 있던 겁니다! 한 손에는 지팡이를 짚고 다른 한 손에는… '저게 뭐지?' 하고 자세히 봤더니 크리스마스 선물 상자였습니다!

그분은 절뚝이며 제 자리까지 와서 상자를 내밀었어요. 그러고는 저의 지칠 줄 모르는 명랑함이 자신에게 얼마나 큰 힘이 되었는지, 특히 통풍이 심해 아프고 걷기도 창피해서 힘들었던 지난여름에 얼마나 위로가 되었는지 말해주었습니다. 뒤이어 초콜릿이 든 상자를 쥐여주며, 즐거운 성탄절 보내길 바란다고 말했습니다. 그리고 **미소를 지었습니다.**

3부

THE LAW OF

영향력의
법칙

INFLUENCE

13장

진정한 영향력은 평판에서 시작된다

"사람을 매력적으로 만드는 게 무엇일지 생각해본 적 있나?
말 그대로 끌어당기는 듯한 매력 말이야. (…)
그들은 주는 걸 좋아해. 그래서 매력적인 거지.
베푸는 이들은 사람을 끄는 매력이 있어."

—핀다

직접 마주보고 만나는 사람들에게는 우리가 어떤 영향을 주고 있는지 금세 알 수 있다. 그러나 위대한 세일즈맨으로 향하는 비밀은 아직 만나지 않은 이들, 즉 얼굴을 보거나 대화를 나누기 전이지만 이미 어떤 방식으로든 연결된 사람들에게까지 미치는 영향력에 있다.

어떻게 한 번도 만나본 적 없는 이들의 삶을 변화시킬 수 있을까? 답은 영향력이다. 영향력의 힘과 범위가 자신이 가닿을 수 있는 사람의 수, 그리고 만남의 깊이를 결정한다. 세 번째 법칙은 두 번째 법칙을 한 차원 더 크게 확장시켜 **영향력**이라는 매개체를 통해 당신의 **직접적인 영향**을 몇 배로 넓혀준다.

영향력을 다른 사람을 내가 원하는 대로 움직이게 하는 힘으로 오해하는 이들이 많다. 그러나 진정한 영향력은 **다른 사람이 원하는 것**을 이루도록 돕는 일에 헌신하는 사람에게 점점 쌓여가는 것이다.

진정한 영향력은 **평판**에서 시작된다. 세일즈 경력을 쌓을 때, 무엇보다도 중요한 과제는 좋은 평판을 세우는 일이다. 자본, 저축, 직위, 사업 자산 등 모든 것은 쉽게 얻을 수도, 쉽게 잃을 수도 있는 것들이다. 하지만 평판은 다르다. 평판이라는 집은 한번 무너뜨리면 다시 세우기 어렵다.

고대 그리스의 위대한 수학자 아르키메데스는 지렛대의 원리를 발견했을 때 이렇게 말했다. "내게 버티고 설 자리를 주면, 내가 세상을 움직여 보이겠다." 당신에게 그 버티고 설 자리는 바로 평판이다.

스티븐 코비Stephen Covey는《성공하는 사람들의 7번째 습관》에서 영향력을 두 가지 '권위'로 구분한다. 첫째는 직위나 지위에서 비롯되는 **형식적 권위**, 두 번째는 진정성에서 비롯된 영향력을 뜻하는 **도덕적 권위**다. 코비가 지적하듯, 마하트마 간디Mahatma Gandhi는 공식적인 직위를 가진 적이 한 번도 없었다. 그러나 그는 초월적인 도덕적 권위로 오늘날 세계에서 가장 큰 민주국가의 아버지가 되었다. 조지 워싱턴George Washington이 신생 국가의 초대 대통령이 될 수 있었던 것 또한 도덕적 권위가 있었기 때문이다. 대통령 선출이 그에게 영향력을 준 게 아니라 그의 영향력이 대통령직을 자연스레 불러온 것이다.

형식적 권위와 도덕적 권위의 차이는 밀어내는 힘과 당기는 힘의 차이와 같다. 평범한 환풍기로 방 안에 공기를 '밀어 넣으려' 하면, 공기는 1미터도 못 가 흩어지고 만다. 하지만 환풍기를 반대로 돌려 바깥으로 공기를 내보내면, 집 반대편 창문으로 강하게 공기를 '끌어당길' 수 있다.

밧줄도 마찬가지다. 밧줄을 밀어서 얼마나 멀리 보낼

수 있겠는가?

세일즈에서 **밀어내기**는 내가 원하는 것을 전하는 것이다. 반대로 **끌어당기기**는 **상대**가 원하는 것을 알아내는 것이다. 대화 자리에 앉자마자 상품 얘기를 꺼내고 싶어서 안달이 나고, 업계 최고라 자부하며 당신의 환상적인 맥거핀에 대해 이야기를 줄줄이 늘어놓는다면, 아무리 중간중간 상대에 관한 질문을 곁들여도 전부 '밀어내기'에 지나지 않는다.

상대를 밀어붙이는 것은 공기나 밧줄을 밀어내는 것처럼 애를 써도 한계가 있다. 반면에 상대에게 질문하고 그들의 관심사를 알아내고 그들의 이익을 자신의 이익보다 앞세운다면, 멀리 있는 사람들까지도 '끌어당길' 수 있다. 밀어내기로 얻은 영향력은 멀리 가지 못하고 사그라지지만, 끌어당기기로 만들어진 영향력은 끝이 없다.

그럼 이제 네트워킹에 관해 얘기해보자.

사실, 네트워킹을 '주는 만큼 받는다'는 식의 거래 관계를 교묘히 포장한 의미로 사용하는 사람들이 많다. 도움을 주고받은 걸 장부에 기록하듯 계산하는 인간관계의 회계 시스템인 셈이다. 물론 서로 돕고 도움받는 세상이 서로 물고 뜯는 세상보다는 비즈니스를 하기에 더 따뜻하고 좋은 환경임에는 틀림없다. 그러나 그것도 결국 '최근에 저 사람이 내게 해준 게 뭐지?'라는 암묵적 계산이 깔린, 철저히 득실을 따지는 관계일 뿐이다.

영향력의 법칙은 이 사고방식을 거꾸로 뒤집는다. 모든 관계에서 '최근에 내가 **이 사람을 위해 뭘 해줬지?**'라는 물음을 품고 다가가는 것이다.

미국 플로리다에서 부동산 중개인으로 일하는 비 샐러비Bea Sallabi는 베풂에 늘 최선을 다한다. 그게 그의 본성이다. 그는 사랑의 집짓기 운동Habitat for Humanity 재단 이사회 임원이며, 자녀가 여덟 명인 어느 가정을 후원하고 있으며, 도움이 필요한 사람이라면 누구에게든 기꺼이 손을 내민다. (어느 해 여름에는 형편 어려운 아이들을 무려 1500명이나 영화관에 데려가 팝콘까지 챙겨주었다.)

어느 날, 교회에서 아는 부부가 비에게 한 일화를 들려줬다. 마을의 어떤 여성이 집을 압류당할 위기에 처해 있었는데, 부부가 집을 대신 사서 압류를 막고 그 여성이 다시 살 수 있을 때까지 집을 지켜주고 싶다는 것이었다. 당시 주택자금 대출회사를 운영하고 있었던 비는 도움을 청해온 부부를 흔쾌히 도와주었다. 수수료 한 푼 받지 않고 모든 대출 과정을 무료로 처리해주었다.

부부는 비의 호의에 깊은 감명을 받았고, 그의 이야기를 여기저기에 전했다. 그렇게 이어진 수많은 소개 덕분에 비는 스무 건이 훌쩍 넘는 거래를 성사시켰고, 그 모든 거래에서 상당한 수수료를 받을 수 있었다.

위대한 세일즈맨은 위대한 네트워크를 키워낸다. 그들의 초점은 언제나 **상대**의 이익을 지켜주고 **상대**의 필요를 채우는 데 있다. 공을 자기에게 돌리기보다 타인에게 돌리고, 왕이 되기보다 왕을 세우는 사람이 되기를 원한다. 끊임없이 다른 이들의 삶을 더 풍성하게 만들 길을 찾는다. 그리고 그 과정에서 그들은 자연스레 위대한 영향력을 지니게 된다.

14장

250명의 법칙

샘이 조를 정면으로 응시했다. "내가 말하는 '인맥'이 무슨 뜻인지 알겠나?"
조는 방금 전까지 인맥에 대해서라면 꽤 잘 안다고 자부했음에도
뜻밖의 질문을 받자 얼떨결에 고개를 저었다.
"그러니까, 네… 안다고 생각했는데… 사실은 모르는 것 같네요."

조가 아직 완전히 이해하지 못한 것은 샘과 핀다가 일컬은 비즈니스의 황금률이었다. 바로, 다른 조건이 비슷하다면, 사람들은 자신이 '알고 좋아하고 신뢰하는' 사람과 거래하고, 또 그 사람을 기꺼이 다른 이에게 추천하게 된다는 것이다.

훌륭한 고객은 어디에서 올까? 당신의 영향력, 즉, 타인의 마음속에 나를 '알고 좋아하고 신뢰하는 감정'을 심는 능력이 크나큰 중력을 만들어 훌륭한 고객을 끌어당긴다.

인터넷 덕분에 우리는 예전 같으면 결코 닿지 않았을 수천 명의 사람들에게까지 거의 아무 비용 없이 손길을 뻗을 수 있게 되었다. 정말 경이로운 일이다. 하지만 더 놀라운 건, 사실 **이런 가능성은 언제나 존재해왔다**는 사실이다. 컴퓨터 없이도, 모든 사람은 저마다 자기만의 영향력의 중심에 서 있으며 그 영향력이 미칠 수 있는 범위는 헤아릴 수 없을 만큼 크다.

기네스북이 "세계 최고의 세일즈맨"이라고 칭한 위대한 자동차 세일즈맨 조 지라드Joe Girard는 '250명의 법칙'이라는 개념을 만들었다. 그의 법칙에 따르면, 한 사람의 인생에는 결혼식이나 장례식에 올 만한 사람이 평균적으로 250명 정도 있다. 지라드는 한 명의 고객을 소홀히 대했을 때 잃게 되는 건 한 건의 거래가 아니라 250건의 잠재적인 기회라고 결론지었다. 반대로, 한 명을 잘 대하면 그 사람뿐 아니라 잠재적으로 250명에게 긍정적 영향을 미친 셈이 된다.

한 사람이 영향을 미칠 수 있는 범위 안에 평균 250명이 있다고 할 때, 그 250명은 각각 또 다른 250명에게 영향을 미칠 수 있다. 이런 식으로 모든 사람은 자기만의 네트워크의 중심에 서 있다.

이 말은 곧 새로운 사람을 만나 서로를 알아가고 좋아하고 신뢰를 쌓을 때마다 당신의 영향력 범위는 한 사람이 아니라 잠재적으로 최소 250명, 아니 그보다 훨씬 더 많은 사람에게까지 확장된다는 뜻이다. 그리고 당신이 당신의 네트워크의 중심에 서 있듯, 그들 또한 각자의 네트워크 중심에 서 있다.

그렇다면 이 수많은 사람들은 누구일까? 지금까지 만난 적도, 이름조차 들어본 적도 없는 사람들이다. 하지만 당신의 영향력을 통해 당신에 대해 듣게 될 수 있다.

"무엇을 아느냐보다 **누구를** 아느냐가 중요하다"라는 말이 있다. 하지만 이 말을 글자 그대로 받아들이면 다소 오해의 소지가 있다. 의미를 제대로 풀자면, **당신이 누구를 아느냐가 아니라 누가 당신을 알고 당신에 대해 들어봤느냐**가 중요하다. 아직 직접 만난 적이 없더라도 말이다.

레저용 자동차의 트레일러 결합 장치를 제조 및 판매하는 숀 우드러프Sean Woodruff는 제품을 이해하고 설치하는 데 어려움을 겪는 고객에게 자신의 전화번호를 알려주었다. 그리고 24시간 동안 그 고객은 **열여덟 번이나** 숀에게 전화를 걸어 도움을 청했다. 모든 문제가 해결되자 고객은 숀의 인내에 깊은 감사를 표했다.

오늘 그분에게서 전화가 왔는데, 거듭 고마워하면서 제품이 아주 마음에 든다고 말하더군요. "지난 일주일 동안 이 차를 몰고 다니면서 당신이 얼마나 인내심 있게 대해줬는지 모든 사람에게 얘기하고 다녔어요!"라고 하더군요.
두 시간 뒤, 또 다른 사람에게서 전화가 왔습니다. 원래 경쟁사 제품을 고려하고 있었는데, 그 고객의 얘기를 듣고는 우리 제품을 주문하기로 했다고 했어요. 그러면서 이렇게 인연이 닿은 게 축복처럼 느껴진다고 하더군요.
축복처럼 느꼈다니! 저도 똑같이 느꼈습니다!

최고의 고객은 어디서 오는가? 전통적인 세일즈에서는 보통 두 곳을 꼽는다. 당신을 아는 사람들을 가리키는 웜 마켓warm market과 당신을 모르는 사람들을 가리키는 콜드 마켓cold market이다. 하지만 실제로 최고의 고객 대부분은 뜨거운 시장과 차가운 시장이 아닌 그 중간 어디쯤에서 올 가능성이 크다. 뜨겁지도 차갑지도 않은 미지근하고 애매한 지대, 이른바 퍼지 마켓fuzzy market이라 불리는 영역이다.

미지근한 시장에는 당신을 어렴풋이 아는 사람들이 속한다. 친구라고 하긴 어렵지만, 그렇다고 낯선 사람도 아닌 이들 말이다. 거래 은행의 창구 직원, 자녀 친구들의 엄마들, 오래전 같은 학교에 다녔던 동창, 얼굴은 알지만 이름은 가물가물한 사람들, 지인의 지인, 친구의 친구의 친구들도 여기에 포함된다.

이와 관련해 흥미롭고 유명한 연구가 있다. 1970년에 하버드대학교의 사회학자 마크 그라노베터Mark Granovetter는 매사추세츠주 뉴턴의 전문직, 기술직, 관리직 종사자 수백 명을 조사하여 그들이 현재 직장을 어떻게 구했는지를 살폈다. 연구 결과, 절반이 넘는 이들이 개인적 인맥을 통해 일자리를 얻었다. 놀라운 건 다음이다. 개인적 인맥을 활용한 사람들 가운데, '자주' 만나는 사이, 즉 가까운 친구라고 답한 경우는 16퍼센트에 불과했고, 55퍼센트 이상은 '가끔' 보는 사이라고 답했다.

그라노베터 박사에 따르면, 새로운 기회를 가까운 친구에게서 알게 될 가능성은 크지 않다. 왜냐하면 그 친구들은 당신과 같은 세계에 살고 있기 때문이다. 오히려 어렴풋이 아는 사람에게서 새로운 소식과 기회를 접할 가능성이 훨씬 높다. 그가 '약한 연결weak ties'이라 부른 이 관계들은 낯선 이나 절친보다 우리에게 더 큰 영향을 미친다. 최고의 고객이 어디서 올지는 아무도 모른다. 분명한 건, 대부분 전혀 예상하지 못한 곳에서 온다는 것이다.

《더 기버 1》 첫 장에서 조는 그동안 들어본 적 없는 경쟁자에 대해 알게 된다. 마치 조를 괴롭히려고 나타나 그의 중요한 고객을 뺏어가는 사람처럼 느껴진다. 그런데 마지막 장에 이르면, 두 사람은 좋은 친구이자 사업 파트너가 된다.

말도 안 되는 허구일까? 그렇지 않다. 현실에서 이런 일은 매일같이 일어난다. 한 독자는 우리에게 자신의 절친 데이브Dave에 대한 이야기를 들려줬다.

미국 뉴저지에 사는 데이브는 가족이 운영하던 주조 공장에서 일했습니다. 어느 해, 가족이 휴가를 떠난 사이 야간 경비원이 등유 램프를 켜둔 채 퇴근했고, 그 불이 번져 생산 설비 전체가 불타버리고 말았습니다. 가족 사업이 하루아침에 무너지게 된 거죠.

길고 고된 복구 작업이 이어지는 동안, 데이브는 다른 주조 공장들을 일일이 찾아다녔습니다. 비록 경쟁사들이었지만, 자신의 공장이 맡고 있던 일을 외주로 넘겨 고객들이 불편을 겪지 않게 하려는 마음에서였죠. 그러던 중 한 주조 공장의 크리스Chris라는 사람이 도움을 주겠다고 했어요. 크리스는 데이브의 고객들 주문을 받아줄 뿐 아니라 그 일들을 우선 처리까지 해주겠다고 했습니다. 대가를 바란 것도 아니고, 그저 돕고 싶은 마음에서였죠. 그 덕분에 데이브의 공장은 복구가 진행되는 동안에도 사업을 이어갈 수 있었습니다.

그로부터 몇 년 뒤, 데이브는 크리스가 직장을 잃었다는 소식을 들었어요. 크리스가 도움을 요청한 건 아니었지만, 데이브는 크리스와 그의 가족을 자기 회사의 건강보험

수혜자 명단에 올려 지원해주었습니다. 머지않아 크리스에게서 연락이 왔습니다.

"데이브, 나 새 직장을 구했어. 사실, 이번에 신임 사장 자리에 앉게 되었어. 지금 소식 듣고 제일 먼저 전화한 거야. 우리 앞으로도 함께 일하자고, 친구!"

그때부터 크리스는 새 회사의 모든 물량을 데이브의 공장으로 보내기 시작했습니다. 말할 것도 없이 그 일은 데이브에게 막대한 매출을 안겨주었죠.

《더 기버 1》에서 핀다는 조에게 이렇게 말한다. "겉으로 보이는 건 실제와 다를 수 있네. 사실 거의 항상 다르지." 성공은 대개 가장 뜻밖의 곳에서 찾아온다. 최고의 고객을 어떻게 찾느냐고? 당신이 그들을 찾는 게 아니라 **그들이 당신을 찾아오는 것이다.**

그런 고객들이 정확히 언제 어디서 오느냐고? 그 디테일은 명확하게 대답하기 힘들지만 '어떻게?'라는 질문에는 분명하게 대답할 수 있다. 그들은 당신의 영향력에 이끌려온다.

15장

피치 하지 마라

세일즈맨들이 가장 힘들어하는 부분은 잠재 고객을 발굴하는 과정이다. 이유는 간단하다. **사람**이라면 누구나 다른 사람에게 호감을 얻고 싶어 한다. 그런데 집집마다 찾아가 문을 두드리거나 전화를 걸어 영업하는 일은 호감을 사기 위한 좋은 방법으로 보이지 않는다. 사람들은 누군가가 자신을 타깃으로 삼아 접근해 오는 걸 **좋아하지 않**는다. 그러니 잠재 고객 발굴이라는 말만 들어도 마음이 무거워지는 건 어쩌면 당연한 일이다.

뛰어난 세일즈맨이 되려면, 자신에게도 상대에게도 편한 교류 방식을 찾아야 한다. 바로 여기서 피치pitch*의 문제가 나온다.

잠시 후, 세일즈의 비밀을 공개하려 한다. 처음부터 매번 완벽한 세일즈 피치를 할 수 있는 비밀이다. 게다가 **한 마디로** 요약할 수 있어 기억하기도 쉽다. 그전에 이해를 돕기 위해 한 가지 상황을 함께 상상해보자.

당신은 지금 상공회의소 모임, 로터리클럽 혹은 전문직 여성들의 모임, 사교 파티, 자선 행사, 학부모회 같은 곳에 와 있다. 꼭 고객이 되어주었으면 하고 생각하는 사람들이 모여 있는 그 어떤 자리라도 괜찮다.

"잠깐, 학부모회라고요? 그런 데서 영업하면, 다들 절 눈치 없고 무례하다고 생각하지 않을까요?"

맞다. 대부분 그렇게 생각할 것이다. 특히 클럽이나 술집에서 작업 거는 사람처럼 자리 곳곳을 휘젓고 다닌다면

말이다. 핵심은 사람들에게 '영업해야겠다'는 마음이 아니라 그저 새로운 사람을 만나고 친구를 사귄다는 마음으로 다가가는 것이다. 어느 정도 유대를 쌓은 뒤 은근슬쩍 고객으로 만들려는 의도가 아니다. 정말 그냥 친구를 사귀기 위해서다.

자, 누군가와 만나 대화가 시작됐다. 꽤 친밀감도 쌓인 것 같다. 이제 어떻게 할까?

흔히 세일즈에서는 이런 상황이 만들어지면 최대한 빨리 당신이 무슨 일을 하는지 말할 기회를 잡거나 그런 대화로 자연스럽게 유도하라고 한다. 먼저 상대에게 무슨 일을 하는지 묻고 "당신은요?"라는 질문이 나오면 준비해둔 원고대로 피치를 쏟아내는 것이다. "아, 저는 건강 관리에 관한 일을 하는데요⋯."

하지만 한 걸음 물러서 생각해보자. 우리의 목표는 이 사람을 위해 가치를 창출하는 것 아닌가? 그런데 피치는 상대를 위해 **해주는** 일이 아니라 상대에게 **가하는** 일이다. 야구에서 피치, 즉 투구의 목적은 무엇인가? 타자를 삼진 아웃시키는 것이다. 거기에 무슨 가치가 있겠는가?

파티에 들어서자마자 전력투구를 던지면 아마 이런 반응이 이어질 것이다. "앗, 또 영업사원이 왔나 보네. 뭐, 이상한 거나 팔려고 하겠지." 운이 좋으면 상대방은 멍한 눈으로 형식적인 미소만 지으며 슬며시 빠져나갈 타이밍을 엿보는 데 그칠 것이다. 최악의 경우라면 그들의 기분을 상하게 할지도 모른다. 그리고 그건 세상이라는 법정에서 여전히 진행 중인 사건, '세상 사람들 대 밉상 영업사원들' 재판에 또 하나의 증거를 보태는 꼴이 된다.

"알겠어요. 그럼 이렇게 좋은 대화를 나누고 있을 때, 어떻게 제 맥거핀 이야기로 연결하죠? 성가시거나 꿍꿍이가 있는 사람처럼 보이지 않으면서요."

방법을 알려주겠다. 당신의 맥거핀을 입에 올리지 않는 것이다. 아예 언급조차 하지 마라.

누군가와 처음 만나 대화를 하고 있다면, 비즈니스와 관련해 꼭 이 세 단어를 기억해둬라. "그들은 관심이 없다." 물론 당신은 당신의 제품과 서비스에 열정을 갖고 있다. 또 상대방에게도 그 맥거핀이 정말 필요하며 삶을 향상하고 심지어 인생을 바꿔놓을 수 있다는 걸 당신은 잘 안다. **당신이 맥거핀에 관해 얘기하기만 하면** 그들에게 엄청난 가치를 줄 수 있을 것이다. 하지만 다시 강조하건대, 이건 당신 자신에 관한 문제가 아니다. **상대에 관한 것이다.**

자, 완벽한 세일즈 피치를 위한 비밀을 공개할 때다.

피치 하지 마라.

완벽한 세일즈 피치의 비밀은 **피치를 하지 않는 것이다.**

이 책을 쓴 밥 버그가 전문 강사로 커리어를 시작했을 무렵, 정말 한 번은 꼭 함께 일해보고 싶은 대기업이 있었다. 그런데 아무리 시도해도 접점을 만들 수가 없었다. 밥은 이렇게 회상한다. "그 회사가 내 '꿈의 고객'이었어요. 하지만 문 앞에 발을 들여놓기는커녕, 도대체 문이 어디 있는지도 알 수가 없었죠."

강연을 하러 방문한 컨벤션 센터에서 밥은 그레그Greg라는 성공한 강사를 만났다. 둘은 곧 친구가 되었다. 행사 곳곳에서 계속 마주치며 우정이 깊어질수록 밥은 그레그의 삶에 가치를 보탤 방법을 찾기 시작했다.

어느 날, 한 고객이 제게 강연을 요청했는데, 그날은 이미 다른 일정이 잡혀 있었어요. 그래서 그레그를 대신 추천했죠. 얼마 지나지 않아 비슷한 일이 두세 번 더 벌어졌어요. 내 글을 실어주었던 잡지사 편집자와 이야기할 때도 그레그를 필자로 추천했지요.

몇 해 뒤, 밥은 놀라운 사실을 알게 되었다. 그레그의 고객 중 하나가 바로 그 '꿈의 고객'이었던 것이다.

그레그에게 그 고객과 연결해달라고 도움을 청할 수도 있었죠. 하지만 마음이 내키지 않았어요. 제가 그를 도운 걸 빌미로 제게 '빚졌다고' 느끼게 하고 싶지 않았거든요. 그래서 일부러 어떤 도움을 청하지 않았습니다. 다만 조언은 구했죠. "그쪽에 연락해보고 싶은데 적임자가 누굴까?"라고요.

그레그는 이렇게 말했어요. "이건 어때? 내 고객이 **자네에게** 연락하도록 해둘게." 그리고 정말로 다음 날, 꿈의 고객 쪽에서 **먼저** 전화가 왔습니다.

밥은 한 번도 그들에게 '피치'를 한 적이 없었다. 그럼에도 그들은 결국 그의 고객이 되었고 그 후 수년 동안 밥에게 수백만 달러의 매출을 가져다주었다.

세일즈에는 '1미터 규칙'이라는 것이 있다. 반경 1미터 안에 있는 사람은 모두 제품 피치 대상이라는 뜻이다. 하지만 그 사람이 제품 설명을 듣고 싶어 하지 않으면 어떻게 할 것인가?

누구를 만나든 가장 중요한 우선순위는 그 사람의 삶에 가치를 보태는 것이다. 다시 말해, 그들의 삶을 조금이라도 더 풍요롭고 나아지게 만드는 일이다. 설령 그렇게 하지 못하더라도, 적어도 가치를 **빼앗아서는** 안 된다. 상대를 귀찮게 하거나 에너지를 소모하게 하거나 겁을 주고 압박하고 억지로 끌고 가려는 태도는 금물이다.

훌륭한 세일즈맨은 의사들의 히포크라테스 선서와 같은 규범으로 산다. "무엇보다 해를 끼치지 마라." 이는 재생 농법의 목표와도 비슷하다. "당신이 처음 보았을 때보다 토양을 더 비옥한 상태로 남겨라." 다음 세대 또한 이 토양을 경작할 것이기 때문이다.

세일즈에서 성숙함이란 반경 1미터 내에 있거나 관심사가 비슷하다고 해서 누구나 잠재 고객이 되는 건 아니라는 사실을 받아들이는 것이다. 모든 사람이 당신의 맥거핀을 원하지는 않는다. 사실은 그 얘기조차 **듣고 싶어 하지 않는** 사람이 더 많다.

훌륭한 세일즈맨은 1미터 규칙을 정반대로 뒤집는다. 규칙을 상대 중심으로 바꾸는 것이다. 기버 정신을 갖춘 세일즈맨이라면 1미터 규칙을 이렇게 설명할 것이다.

반경 1미터 안의 누구라도 더 알아갈 가치가 있는 사람이다.

행사 자리에서 **모두와** 인사할 필요는 없다. 목표는 좋은 시간을 보내며 친구를 사귀는 것이다. 양보다 질을 택하라. 그리고 다시 한번 강조하지만 **피치 하지 마라.**

"그럼 대체 피치를 안 하면 뭘 해야 하죠?"

아주 좋은 질문이다. 바로 그것이다. '좋은 질문을 하는 것.' 다음 장에서 그 방법을 살펴보자.

16장

기분 좋은 질문의 힘

"사람들에게서 최고의 모습을 찾고자 한다면,
놀랄 만큼 많은 재능과 창의성, 공감, 선의를 발견하게 될 거야."
―핀다

전통적인 세일즈 과정은 '프레젠테이션'을 중심으로 흘러간다. 반면, 기버의 세일즈 과정은 **연결**에 초점을 둔다. 연결은 말하기보다는 듣기를 통해 이루어지는데, 잘 듣는 가장 좋은 방법은 바로 좋은 질문을 던지는 것이다. 탁월한 세일즈맨이 되려면, 프레젠테이션을 잘하는 법보다 좋은 질문을 던지는 법을 배우는 것이 훨씬 더 중요하다. 몇 가지 훌륭한 질문들을 살펴보자.

어떻게 이런 일을 시작하게 되었나요?

딱히 수준이 높거나 특별하지 않은, 사실 아주 평범한 질문이다. 하지만 사람들은 이 질문에 답하는 것을 **무척** 좋아한다. 우리는 이런 유의 질문을 종종 '인생 드라마 질문'이라 부른다. 상대에게 자기 인생 이야기를 할 기회를 주는 질문인 셈이다. 의외로 많은 사람들이 이런 질문들을 거의 받아본 적이 없는데, 대부분 이 정도까지 자신에게 관심을 보이는 사람을 만나지 못했기 때문이다. 하지만 당신이라면 이런 질문들을 던져야 한다.

또 다른 좋은 질문은 이렇다.

지금 하는 일의 어떤 부분이 가장 즐거운가요?

이 질문은 사실 기존의 세일즈 훈련 방식과 정반대다. 전통적인 세일즈에서는 잠재 고객의 마음속으로 파고들어, 당신과 당신의 훌륭한 제품이나 서비스 없이는 그들의 삶이 얼마나 불완전한지를 깨닫게 하라고 가르친다.

"지금 하는 일에서 가장 **싫은** 점이 무엇인가요?"라고 물은 뒤 "말 나온 김에, 지금의 이 초라한 삶은 또 어떠신가요?"라고 덧붙이는 것이다.

이런 접근법의 목적은 고객의 필요를 드러내는 데 있다. 하지만 우리가 하려는 건 필요를 드러내는 게 아니다. 기버는 **가치를 만들어내고자** 한다. "○○의 가장 즐거운 점은 무엇입니까?"라는 질문은 상대에게 즐거움과 인정받는 느낌, 자부심을 불러일으킨다. 당신과의 대화를 통해 상대는 자기 삶의 가장 좋은 부분을 떠올리게 되고 그런 좋은 기분을 오래 간직하게 된다.

바로 이것이 '훌륭한' 질문의 요소다. 밥은 이렇게 상대방의 기분이 좋아지는 대화로 이끄는 질문들을 '기분 좋은 질문'이라 부른다.

다음은 '기분 좋은 질문'의 몇 가지 좋은 예들이다.

- 당신이 하는 일에서 가장 특별한 점은 무엇인가요?
- 이 분야의 입문자에게 어떤 조언을 해주고 싶나요?
- 일하면서 겪은 가장 특별하거나 흥미로운 일이 있나요?

- 지난 10년간 이 업계에서 어떤 중요한 변화를 봤나요?
- 앞으로 업계에 어떤 흐름이 올 것으로 생각하나요?

이 질문들이 지닌 잠재력을 진정으로 느껴보고 싶다면, 잠시 시간을 내어 질문들 하나하나를 자문해보라. 누군가에게 이런 질문들을 받고 있다고 상상하고 답해보면서 어떤 기분이 드는지 느껴보라. 좋은 질문이 상대에게 어떤 가치를 만들어줄 수 있는지 분명히 깨달을 것이다. 상대방은 자기의 강점을 살리면서 전문적인 의견을 말할 기회를 갖고, 자기가 하는 일의 매력적이고 즐겁고 흥미롭고 만족스러운 부분들을 곱씹을 수 있다. 좋은 질문은 상대의 주의를 삶의 **좋은** 부분으로 향하게 한다.

질문이 세련됐다거나 특별히 수준이 높은 건 아니다. 정교하게 표현을 다듬을 필요도 없다. 훌륭한 질문의 본질은 상대와 상대의 삶에 대한 진정한 관심에서 나온다. 참고로, 한 번의 대화에서 이 질문들을 **전부** 다 던질 필요는 없다. 보통 두세 개 정도면 충분하다.

어느 순간 당신과 상대 사이에 라포가 충분히 형성되

었다고 느껴지면, 밥이 '핵심 질문'이라 부르는 것을 던져 볼 수 있다.

> 객, 제가 만나는 사람들 중에 **당신에게** '좋은 잠재 고객'이 될 만한 사람을 어떻게 알아볼 수 있을까요?

'좋은 잠재 고객'이라는 부분은 상대방이 어떤 일을 하는가에 따라 '좋은 고객', '좋은 인맥', '좋은 연결' 혹은 단순히 '한번 만나보면 좋을 사람'이라 바꿔 표현할 수 있다.

중요한 건, 이 질문이 상대에게 **자신의** 이야기를 하도록 만들어준다는 점이다. 동시에 당신이 진심으로 그들의 삶에 가치를 보태고 싶어 한다는 메시지도 전해준다. 상대가 당신의 서비스나 제품보다도 당신이라는 사람에게 먼저 마음을 열어야 한다.

여기에는 어떤 꿍꿍이도, 숨겨진 세일즈 기법도 없다. 당신의 맥거핀 이야기로 대화를 흐르게 할 장치도, 함정도, 요령도 없다. 보이는 그대로다. '진짜 대화' 말이다.

한번은 밥이 처음 만난 CEO와 대화하는 중에 그의 딸

베스Beth의 대학 졸업 소식을 들었다. 대화한 지 5분쯤 되었을 때 밥은 이렇게 물었다. "제 주변에서 베스가 일을 시작하는 데 '좋은 연결'이 될 만한 사람을 알아보려 하는데 조언해줄 게 있을까요?" CEO는 큰 흥미를 보였고, 잠시 생각한 뒤 신중히 답했다.

몇 주 뒤, 밥은 실제로 베스에게 좋은 연결이 될 만한 사람을 소개했다. 이를 계기로 베스는 인턴 경력을 성공적으로 쌓아갔다. 밥은 결국 그 CEO와 비즈니스 거래를 하게 되었을까? 물론이다. 게다가 아주 가치 있는 고객들도 여러 명 소개받았다.

가끔은 처음 대화를 시작한 자리에서 상대가 곧바로 당신의 맥거핀에 관심을 보이며 약속을 잡거나 구체적인 얘기로 들어갈 수도 있다. 하지만 그런 경우가 자주 일어나리라고 기대하지 마라.

처음 만난 사람과 즐겁게 이야기를 나누다가 일 얘기는 전혀 없이 그저 기분 좋은 대화로 마무리될 때도 있다. 그 순간에도 당신은 세상에 작은 가치를 더한 것이다. 그것만으로도 하루치 성과로 충분히 훌륭하다.

꼭 기억해야 할 점이 있다. 당신의 세일즈가 번창하려면 **누군가는** 당신의 맥거핀을 사줘야 한다. 하지만 그 누군가가 반드시 지금 **이 사람**이어야 할 필요는 없다. 그러니 마음을 내려놓고 편하게 대화를 즐기며 새 친구를 한 명 더 얻었다는 마음으로 자리를 나서면 된다.

17장

가슴은 뜨겁게 터치는 가볍게

"50 대 50은 잊어버려. 50 대 50은 결국 지는 거래야.
이기는 비율은 오직 100퍼센트뿐이지. 승리를 상대방에게 돌려야 하네.
윈윈 같은 건 잊고 '상대의 승리'에만 집중하라고."

─샘 로즌

많은 세일즈맨은 잠재 고객이 진짜 궁금해하는 가장 중요한 질문들을 놓치고 만다. 대개 그런 질문들을 직접 입 밖에 내지 않고, 심지어 고객 자신도 이런 의문을 의식하지 못할 때가 많기 때문이다. 하지만 분명한 건 그들은 마음속으로 이미 질문하고 있으며, 그 대답에 따라 당신을 신뢰할지 말지를 결정한다. 그 질문들은 바로 이런 것들이다.

- 내가 이 사람을 믿어도 될까?

- 이 사람은 정말 말한 것을 지키는 사람일까?

- 내가 정말 이 사람에게 중요한 존재일까?

이 질문들에 효과적으로 답할 수 있는 언어는 단 하나, 바로 **행동**이다. '마무리 동작'이 골프 스윙에서뿐 아니라 우정, 결혼, 비즈니스, 그리고 특히 세일즈에서 가장 중요한 요소로 꼽히는 이유다.

세일즈에서는 이처럼 어떤 일을 이어가거나 반복하는 것을 보통 '후속 조치'라 부른다. 하지만 우리는 **마무리**라는 표현을 더 선호한다. 어떤 과정이나 행동을 끝까지 제대로 매듭짓는다는 의미가 담겨 있기 때문이다.

우리가 말하는 마무리란, 누군가를 만나 대화를 나눈 이후 몇 시간, 며칠, 몇 주 동안 지속해서 상대의 삶에 가치를 더할 방법을 찾는 것이다. 즐거운 만남과 대화에 감사하는 편지를 짧게라도 직접 손으로 써서 보내는 일이 대표적이다. 아주 단순하지만 진심을 제대로 전달하는, 큰 의미를 지니는 행동이다.

사람들에게 가치를 더하는 가장 좋은 방법의 하나는 그들을 서로 연결해주는 것이다. 함께 사업을 하거나 다른 방식으로 도움이 될 수 있는 관계를 맺을 수 있도록 길을 열어줌으로써, 당신은 다른 사람들의 가능성을 꽃피우는 촉매 역할을 할 수 있다. 비용은? 전혀 없다. 가치의 크기? 헤아릴 수 없을 정도다.

혹은 상대의 관심사와 관련된 흥미로운 자료를 공유해줄 수도 있다. 당신의 제품이나 서비스에 관한 게 아니라 정말 상대가 좋아하는 것과 관련된 정보 말이다. 예컨대, 골동품 오르골을 수집하는 게 취미인 앤에게 구매처 정보를 보내주고, 고등학교 축구 선수 딸을 둔 잭에게 관련 기사를 보내주는 것이다. 이런 작은 행동들이 모여 가치를 더한다.

상대에게 꼭 필요하거나 도움이 될 것 같은 책 또는 CD를 사서 보내줄 수도 있다. 하지만 이런 경우는 조금 신중해야 하는데, 금액이 어느 수준을 넘어서면 상대방이 부담을 느끼거나 마치 빚을 진 듯한 기분이 들 수 있기 때문이다. 온라인에서 읽은 흥미로운 글의 링크를 보내는 단순한 행동도 가치를 만들 수 있다. 여기서 주의할 점은 부담을 주거나 성가시게 하지 않는 것이다. '가슴은 뜨겁게, 터치는 가볍게' 행동을 이어가는 것이다.

상대에게 새로운 고객이나 비즈니스 기회를 소개해 줄 수도 있다. (당신이 늘 관심을 기울이고 있다면 의외로 이런 기회와 자주 마주칠 것이다.) 이것이야말로 **진정한** 가치 창출이다.

이 모든 행동이 전하는 메시지는 바로 당신이 무엇보다도 상대의 이익을 먼저 생각한다는 것이다. 이 메시지가 앞서 언급한 **드러나지 않는** 질문들에 대한 확실한 대답이 된다. **맞다**, 당신은 나를 믿어도 된다. **맞다**, 나는 말한 대로 행동하는 사람이다. **맞다**, 당신은 내게 정말로 중요한 존재다.

오늘날에는 고객과의 소통 창구가 차고 넘친다. 그렇다고 모든 소셜미디어에 들어가 빠져 지낼 필요는 없다. 인생은 그렇게 허비하기엔 너무 소중하다. 중요한 건, 이메일과 여러 온라인 및 오프라인 채널을 잘 정리하고 상대방과 꾸준히 연락하는 데 시간을 투자하는 것이다. 그

투자에 대한 보답은 반드시 돌아온다.

미국 뉴저지에서 아버지의 술집을 이어받아 운영하던 게리 바이너척Gary Vaynerchuk은 웹 기반 와인 시음 쇼를 고안하여 와인라이브러리TV닷컴WineLibraryTV.com을 만들었다. 거의 10만 명이 매일 그의 쇼를 시청한다. 첫 번째 가치의 법칙과 두 번째 보상의 법칙을 멋지게 응용한 사례다.

활력이 넘치고 남을 위해 시간을 아낌없이 내주는 게리는 특히 세 번째 영향력의 법칙을 완벽하게 실천하는 사람이다. 그는 매일 받는 수백 통의 이메일에 직접 답장을 보낸다. 게리의 놀라운 성공 비결 중 하나가 바로 이것이다. 그의 팬들은 게리가 자신들을 정말로 아낀다는 걸 잘 안다.

사람들은 세일즈를 낚시에 비유하곤 한다. 미끼를 던지고 줄을 길게 늘어뜨린 뒤, 큰 고기가 걸리길 기다리는 식이다. 그래서 세일즈맨들은 고객을 '낚았다'고 표현하기도 한다.

하지만 우리는 세일즈가 낚시보다 농사에 가깝다고

생각한다. 토양을 고르게 갈고, 씨앗을 심고, 물을 주고, 잡초를 뽑고, 보살피고, 가꾸는 과정이다. 한마디로, **마무리**다. 모든 씨앗이 뿌리를 내리지는 못한다. 어떤 때는 열 개 중 한 개일 수도 있고, 어떤 때는 스무 개 중 한 개일 수도 있다.

어떤 연결에서 언제 열매가 맺어질지 알 방법은 없다. 관계와 상황마다 걸리는 시간이 다르다. 농부가 흙과 햇빛과 계절에 잘 맞춰 행동하는 것처럼, 세일즈의 결과가 뿌리를 내리고 열매를 맺는 정확한 시점은 스스로 정할 수 있는 게 아니다. 당신이 할 수 있는 건 끝까지 잘 마무리하는 것뿐이다.

하지만 분명한 사실이 하나 있다. 흙을 잘 갈아엎고 정성껏 가꾸면 반드시 거둔다. 그것도 창고 가득.

18장

'무엇'보다 '왜'에 집중하라

어느 시점이 되면 당신이 하는 일을 설명해야 할 때가 반드시 온다. 상대와 처음 만나는 순간일 수도 있고, 만난 지 몇 주나 몇 달이 지나서일 수도 있다.

이렇게 지적할지도 모르겠다. "잠깐만요, 처음 만났을 때 그런 얘기를 할 수도 있다고요? 아까는 대화의 초점을 상대에게 두라면서요?"

그렇다. 다만 그것은 어디까지나 자연스러운 범위 내

에서의 얘기다. 억지로 화제를 피할 필요는 없다. 상대가 당신의 일에 대해 묻는다면 제대로 **답해주는** 것이 가장 자연스럽다. 만나자마자 바로, 혹은 시간이 지난 뒤에 상대가 당신의 제품에 관심을 가질 수도 있고, 관심 있을 만한 사람을 떠올릴 수도 있다. 혹은 단순히 당신이 하는 일을 더 알고 싶어질 수 있다. 그런 순간이 오면, 당신은 맥거핀을 꺼내 보여야 한다.

이때 어떻게 말해야 할까?

전통적인 세일즈에서는 이 순간을 놓쳐서는 안 된다고 가르친다. 이때야말로 '엘리베이터 피치'를 던질 순간이라는 것이다. 상상해보자. 당신은 엘리베이터에 타고 있다. 누군가 들어온다. 그가 내릴 때까지 30초가 남아 있다. **서둘러라!** 이 짧은 순간에 당신이 하는 일을 잘 설명하지 않으면 영영 기회를 잃는다!

하지만 앞서 말했듯이, 훌륭한 세일즈맨은 피치를 하지 않는다. 우리는 삼진아웃을 노리는 게 아니다. 우리가 하려는 것은 자연스럽고 진실한 대화다.

이번엔 야구 대신 테니스로 비유를 바꿔보자. 기버들

은 피치를 하지 않는다. 하지만 **서브**는 한다. 투구의 목적이 상대를 삼진 아웃시키는 것이라면, 서브의 목적은 공을 네트 너머로 넘겨 상대가 되받아칠 수 있도록 하는 것이다. 그래야 둘이 함께 게임을 즐길 수 있다(우리가 하는 건 **친선** 테니스 게임이니까). 즉, 당신이 하는 일을 명확하고 간결하게 설명해서 상대가 잘 이해하고 대화에 적극적으로 참여하도록 하는 것이다.

그러려면 어떻게 해야 할까? 핵심은 '특징'과 '혜택'의 차이다. 이미 잘 알려진 개념이라 한 번쯤 들어보았을 것이다. 그런데도 많은 사람이 여전히 '특징'만을 말한다. 용어나 정의가 추상적이기 때문일 수도 있다. 여기서 확실히 짚고 가자.

특징은 당신의 맥거핀에 관한 것이다.
혜택은 상대방에 관한 것이다.

사람들이 정말 궁금해하는 건 특징, 혹은 당신의 맥거핀이 '무엇인지'가 아니다. 그들이 알고 싶은 건 혜택, 즉 그

것이 '자기에게 어떤 도움이 되는지'다. 따라서 "어떤 일을 하세요?"라는 질문에 가장 유용한 대답은 당신의 맥거핀이 상대에게 주는 혜택을 바로 이해할 수 있게 설명하는 것이다.

피치는 내가 중심이다. 서브는 상대가 중심이다.

다시 말하지만 "어떤 일을 하세요?"라는 질문에 당신이 해야 할 서브란, 상대가 당신과 함께 일하면서 얻게 될 혜택을 묘사하는 쉽고 간단한 대답이다.

이건 제대로 시간을 투자해 깊이 탐구할 가치가 있는 문제다. 종이 위에 자신의 비즈니스, 제품 혹은 서비스가 주는 혜택을 가능한 한 많이 써 내려가보라. 이때 '내가 무엇을 팔고 있지?'가 아니라 '사람들이 왜 나를 찾고 싶어 할까? 그들에게 어떤 혜택이 돌아갈까?'라는 질문을 던져보라. 이렇게 함으로써 초점을 나와 나의 맥거핀이 아니라 상대와 상대의 관심사에 맞출 수 있다.

특징은 '무엇'에 대한 답이다.

혜택은 '왜'에 대한 답이다.

대화가 단순히 서로 알아가는 수준을 넘어 진짜 개인

적인 이야기가 되기 시작하는 순간이 있다. 바로 화제가 '무엇'에서 '왜'로 옮겨갈 때다.

'무엇'에 관한 대화는 이름, 직업, 거주지, 가족, 동네, 출신 학교 같은 표면적인 사실에 관한 질문이다.

'왜'에 관한 대화는 그보다 훨씬 더 깊이 들어가 상대의 가치관을 탐구한다. 왜 그 일을 하는가? 왜 그 지역에 사는가? '왜'에 초점을 맞춘 대화는 상대에게 정말로 중요한 게 무엇인지를 묻는다. 진정한 연결은 바로 여기서 이루어진다.

다시 대화 상황으로 돌아가보자. 새로운 친구가 당신에게 무슨 일을 하느냐고 물었을 때, 상대가 쉽게 되받아칠 수 있도록 서브하는 방법은 **혜택 중심**의 대답을 하는 것이다.

다음 대답을 보고, 서브로 친 공이 어떤 소리를 내는지 한번 들어보라.

"저는 보험업에 종사합니다." (툭.)

"저는 최고급 스킨케어 제품을 판매합니다." (툭.)

“저는 부동산 일을 합니다.”(툭.)

보이는가? 이런 말들은 어디로도 이어지지 않는다. 상대가 대답할 여지를 전혀 주지 않기 때문이다. 상대가 되받아칠 수 있도록 서브해야 한다. 즉 자연스럽게 더 깊은 대화를 이어가도록 이끄는, 상대에게 흥미로운 대답이어야 한다는 뜻이다. 예를 들면 이렇다.

“저는 사람들이 가족을 보호하고 건강한 재정 상태를 유지하는 미래를 설계하도록 돕고 있어요.”
“저는 항노화 기술을 통해 사람들의 건강과 자신감을 키워줍니다.”
“저는 사람들이 살던 집을 잘 처분하고 꿈꾸던 집을 가질 수 있도록 돕습니다.”

똑같은 업종이지만, 설명은 전혀 다르다. ‘내가 무엇을 한다’가 아니라 ‘내가 다른 사람을 어떻게 돕는가’에 초점을 두고 있는 대답이다.

서브가 잘 들어갔는지는 쉽게 알 수 있다. 당신의 대답에 상대가 "아, 그렇군요"라고 하는가, 아니면 "오, 정말요?"라고 반응하는가? 단순히 특징을 말했을 때 공은 툭 하고 떨어진다. 상대의 무심하고 밋밋한 목소리에서 알 수 있다. "아, 네, 그러시군요. 제가 아는 다른 분도 비슷한 일을 하시는데." 반면, 혜택을 말했을 때 상대방은 몸을 앞으로 기울이며 흥미를 보이고, 대개 질문을 다시 던진다. "정말요? 어떻게 하시는데요?"

당신이 서브했고, 상대가 다시 받아넘겼다. 이제 테니스 게임이 시작되었다.

다른 **서브**의 예시도 보자. 모두 특징이 아닌 혜택에 초점을 맞추고 있는 것에 주목하라.

- 증권 중개인: 저는 사람들이 부를 창출하고 잘 관리하도록 돕습니다.

- 건강보험 설계자: 저희는 회사들이 직원들을 재정적 위기로부터 보호할 수 있도록 돕습니다. 게다가 고용주에게 추가 비용이 전혀 들지 않죠.

- 장기보험 설계자: 저는 사람들이 평생 애써 모은 자산을 삶의 가장 큰 위기에서 지키도록 돕습니다.
- 물리치료사: 저는 사람들이 약 없이 스스로 치유하도록 돕습니다.
- 소송 전문 변호사: 저희 법률사무소는 사람들이 분쟁을 원만히 해결하고 불필요한 고비용의 여러 결과를 피하도록 돕습니다.

상대가 언제나 당신의 서브를 완벽하게 받아칠까? 그렇진 않다. 하지만 괜찮다. 마지막이자 가장 중요한 서브의 원칙으로 이어지는 부분인데, 반드시 결과를 낼 필요는 없다는 것이다.

세일즈에는 이런 말이 있다. "맞는 사람에게는 어떤 말이라도 통하고, 맞지 않는 사람에게는 어떤 말도 통하지 않는다."

상대가 당신의 맥거핀에 관심을 둘지 말지는 결국 그들의 선택이지 당신 몫이 아니다. 당신이 완벽한 대답으로 결과를 내야만 세일즈에서 성공할 수 있다고 생각한다면, 지금이야말로 그 압박을 내려놓을 때다.

기억하라. 당신은 **거래를 성사시킬 수 없다.** 그건 오직 상대만이 할 수 있는 일이다. 당신이 할 수 있는 건 단 하나, **가치를 창출**하는 것이다.

이제 공은 당신 손에 있다. 당신이 서브할 차례다.

19장

나답게 똑바로 선다는 것

"가난하게 사는 것도, 부유하게 사는 것도 결국엔 선택입니다.
머릿속에서 결정하는 거죠." 니콜은 관자놀이를 손가락으로 톡톡 두드렸다.
"나머지는 전부 그 선택이 어떻게 현실에서 펼쳐지는가의 문제일 뿐입니다."

사람들은 자신이 알고 좋아하고 신뢰하는 사람과 일하려 한다. 한편, 자기에게 너무 **의존하는** 듯한 사람과는 대부분 거래하고 싶어 하지 않는다. 억지로 밀어붙이거나 압박하는 태도가 사람들을 밀어내듯, 지나치게 매달리고 간절해 보이는 태도 또한 사람들을 멀어지게 한다.

문제는, 당신이 실제로 간절하며 그 사람들을 필요로 한다는 것이다. 세일즈로 생계를 부양하려면 어쩔 수 없다. 하지만 이 필요는 악순환으로 이어지게 마련이다. 수입이 절실할수록 더 간절해지고, 그 간절함이 드러날수록 상대는 뒤로 물러난다. 그러면 필요한 수입을 얻기 더욱 힘들어지고 다시 절박해지는 상황의 반복이다.

바로 여기서 감정의 명료함과 절제가 필요하다.

감정의 **명료함**이란, 실제로 존재하는 자신의 경제적 필요와 그 필요를 꼭 이 사람을 통해서 해결해야 한다는 감정적 집착을 구분할 수 있는 능력이다. 감정의 **절제**란, 그 명료함을 유지하면서 모든 상황에서 충동적으로 반응하지 않고 의식적으로 반응을 선택하는 힘이다.

이 명료함과 절제를 합쳐 우리는 '자세'라고 부른다.

여기서 말하는 자세란, 억지로 자신을 포장하거나 다른 사람인 척하거나 흔히 말하듯 '성공할 때까지는 성공한 것처럼 행동하라'는 뜻이 아니다. 오히려 그 반대다. 의심과 불안을 내려놓고, 어떤 결과에도 매달리지 않은 채 자신이 누구인지, 또 자신이 제공할 수 있는 가치가 무엇인지를 이성적이고 있는 그대로 드러내는 것을 의미한다.

어릴 때 어머니가 "가슴 펴고 똑바로 서라!" 하시던 것과 같다. 어머니는 '남들처럼 서라'가 아니라 '나답게 똑바로 서라'는 뜻에서 그런 말을 한 것이다.

제대로 된 자세를 잡기 위해서는 우리가 통제할 수 없는 것들을 분명히 알아야 한다. 그 목록은 놀라우리만치 길다. 우리는 날씨도, 경제 상황도, 좋아하는 스포츠팀의 경기 점수도 통제할 수 없다. 지금 마주한 사람이 앞으로 무슨 행동을 할지도 통제할 수 없다. 상대가 당신의 제품을 살지, 심지어 관심을 둘지조차 전적으로 그들의 손에 달려 있으며, 당신은 결과를 통제할 수 없다.

우리가 통제할 수 있는 것은 우리의 행동, 말, 그리고 무엇보다도 생각이다. 왜 '무엇보다도' 생각일까? 생각은 말이나 행동만큼이나, 아니, 그 이상으로 강하게 상대에게 전해지기 때문이다.

앞서 말했듯 우리의 의식은 한 번에 하나의 생각만 붙들 수 있다. 따라서 생각의 초점을 자기 자신에게 둘 때 자신이 간절하다는 느낌에 빠지게 된다. 그러니 질문을 바꿔보자. "이 사람이 내 맥거핀에 관심을 가져주길 내가 필요로 하는가?"가 아니라 "**이 사람에게 내 맥거핀이 필요**

할까?”가 제대로 된 질문이다.

핵심은 언제나 같다. 중요한 건 내가 아니라 상대다.

성공하려면 당신의 맥거핀에 관심을 가지고 결국 사 주는 사람이 있어야 한다. 하지만 세상은 넓고, 당신의 영향력이 닿는 ‘퍼널’은 아주 크다. 천문학적 성공으로 향하는 첫 세 가지 법칙을 실천하고 있다면, 당신의 평판은 점점 널리 퍼져 나가고 있을 것이다. 지금 이 순간에도, 당신을 직접 만나본 적 없는 사람들이 당신의 이름을 듣고 알 것이다. 당신의 비즈니스는 수많은 사람들의 삶에 닿을 것이다. 하지만 꼭 지금 **눈앞의 이 사람이** 그중 하나일 필요는 없다.

반면, 당신은 자신의 맥거핀을 100퍼센트 믿으며, 지금 이 사람 역시 그 맥거핀을 통해 큰 혜택을 얻을 수 있다는 걸 잘 알고 있다. 당신의 성공은 이 사람이 ‘네’라고 말하느냐에 달려 있지 않다. 하지만 이 사람이 당신이 줄 수 있는 가치를 온전히 누릴 수 있느냐는 **그의 선택에** 달려 있다. 그러니 심호흡하고, 마음을 편히 하고, 지금 이 대화에 온 정성을 쏟아라. 이 대화의 결과가 당신에겐 큰 영향을 주지 않을지도 모르지만, 상대에게는 큰 의미가 될 수도 있다.

배우이자 제작자이자 작가인 시빌 템친Sybil Temtchine은 엔터테인먼트 업계에서 처음 일하기 시작했을 때 정말 진심으로 일에 임했다고 회상한다. "그것 말고 다른 방법은 몰랐으니까요." 하지만 몇 년이 지나면서 그는 점차 그 진정성과 멀어지고 말았다.

> 처음 얻은 성공이 사라질까 봐, 내가 이 성공에 **자격 없는** 사람일까 봐 두려웠어요. 그래서 점점 남들과 똑같이 하려고 애썼죠. 그러자 제 인생에서 좋은 것들이 하나둘 사라지기 시작했어요.

《더 기버 1》에서 조가 분기 목표를 채우려 애쓰는 과정에서 본래의 모습을 잃어버리고 만 것처럼, 우리도 무언가를 억지로 이루려 할 때 진정한 본모습을 잃어버린다. 기쁨과 즐거움을 잊고 두려움 속에서 살게 되는 것이다.

예상치 못한 개인 사정으로 잠시 일을 쉬게 된 시빌은

삶을 되돌아보며 자신에게 진짜 중요한 것이 무엇인지 다시 생각했다.

모든 게 사라지고 나서야 비로소 우리가 어떤 사람인지 알게 되죠. 저도 그때 깨달았어요. **우리 모두가 각자의 방식대로 이미 충분히 괜찮은 존재라는 걸요.**

그는 다시 일을 시작했고, 이제는 자신만의 방식대로 훨씬 더 큰 성공을 거두었다.

여성과 자존감을 주제로 한 영화를 구상한 시빌은 제작비를 스스로 마련하기로 했다. 그는 서점에 들러 수지 오먼Suze Orman에서 매리앤 윌리엄슨Marianne Williamson에 이르기까지, 여성의 잠재력에 대해 글을 쓴 여성 작가들을 모조리 찾아냈다. 200명에 이르는 작가 모두에게 일일이 편지를 써 보냈고, 놀랍게도 그중 4분의 3이 답장을 보내왔다. 어떤 이는 시빌에게 수표를 보내주었고, 또 어떤 이는 아는 사람을 소개하고 추천해주었다. 머지않아 시빌은 예산의 절반을 모을 수 있었고, 영화 〈오드리〉의 제작에 착수했다.

　시빌은 이런 외적인 성취도 물론 만족스럽고 기뻤지만 더 큰 성취감은 다른 곳에서 왔다고 말한다.

　진짜 성공은 자기 자신을 믿는 거예요. 그건 누구도 뺏어갈 수 없으니까요.

　시빌이 세계적으로 저명한 작가들에게 두려움 없이 연락하고, 수십만 달러의 제작비를 모을 수 있었던 힘은 무엇일까? 그는 자기 자신이 누구인지 알고 있었다. 그는 **자기답게 똑바로 섰다.**

20장

경쟁자를 진심으로 칭찬하라

조는 전화를 끊고 책상 위에 내려놓은 후,
자신이 방금 한 일이 믿기지 않는 듯 멍하니 바라보았다. 그러고는 중얼거렸다.
"이 사람은 내 기회를 날려버렸는데… 나는 고객을 소개해줬다고?
그것도 '경쟁자'에게 좋은 건수까지 던져주고?"

자신의 전문 분야에 관해 대화하다 보면, 어느 순간 경쟁자를 깎아내릴 완벽한 기회가 찾아온다. 이때야말로 당신의 인격이 훤히 드러나는 순간이다. 그 순간의 몇 문장, 몇 마디, 심지어 몸짓이나 눈빛 하나만으로도 당신과 상대와의 관계는 훨씬 깊고 단단해질 수도, 반대로 돌이킬 수 없이 틀어질 수도 있다.

우리는 '경쟁'을 긍정적으로 본다. 하지만 경쟁이 왜

존재하는지, 경쟁 속에서 어떤 일들이 벌어지는지 잊지 않는 것이 중요하다. 우리 사회는 경쟁이 사회에 기여하는 긍정적 가치 때문에 이를 허용하고 장려한다. 이는 그저 추상적인 경제 이론 얘기가 아니다. 좋은 경쟁은 우리에게 긴장을 풀지 않도록 자극하면서, 비즈니스에서 이뤄낼 수 있는 성과의 기준을 끌어올린다. 또한 좋은 경쟁은 가능성의 한계를 넓히고 밀어붙인다.

그런 의미에서 보면 경쟁자는 가장 좋은 친구다.

하지만 사람들은 종종 오해하여 자기의 목표를 경쟁자를 무너뜨리는 것으로 여기곤 한다. 참 안타까운 착각이다. 경쟁자를 모조리 없앤다? 결국 당신이 발 딛고 설 땅을 스스로 파괴하는 셈이 된다.

다행히도 대부분의 세일즈 교본에서는 경쟁자를 깎아내리지 말라고 가르친다. 그렇게 하면 오히려 **자기의 인상**이 안 좋아진다는 것이다. 그러나 아쉽게도 경쟁자를 **칭찬하는 법**을 가르치는 교본은 거의 없다.

앞으로 잠재 고객들과 이야기할 때 그들이 경쟁자를 언급한다면, 일부러라도 경쟁자에 대해 좋은 말을 해보라.

단순히 좋은 사람처럼 보이기 위함이 아니다. (당신이 실제로 좋은 사람이라는 건 안다!) 경쟁자를 칭찬한다는 건 곧 존중을 보여주는 것이며 **존중은 존중을 불러오기 때문이다.**

경쟁자를 헐뜯는 행위는 결국 당신이 스스로를 깎아내린다는 인상을 준다. 반대로 경쟁자에 대한 긍정적인 말은 오히려 당신의 품격을 더욱 높여준다. 의식적으로든 무의식적으로든 상대는 이렇게 받아들인다.

- **이 사람은 자신감으로 넘친다.**

경쟁자에 대한 험담은 자신감이 넘치는 척하는 흔한 방식이지만 아이러니하게도 상대에게는 정반대의 메시지를 보낸다. 그러나 경쟁자를 비난하지 않을 뿐 아니라 추켜세워준다면, 당신은 진짜 자신감 있는 사람이다. 그리고 진짜 자신감은 신뢰를 낳는다.

- **이 사람은 성공한 사람이다.**

진짜 자신감을 지니고 있다는 것 자체가 곧 성공의 증거다. 성공하지 못한 사람은 그런 확고한 자신감을 지니기 어렵다.

- **이 사람은 신뢰할 수 있는 사람이다.**

경쟁자를 그렇게 높이 평가하는 사람이라면, 상대는 당신이 뒤에서 자신에 대해서도 험담하지 않으리라고 믿는다.

존이 자동차를 사기 위해 발품을 팔던 때의 일이다. 이 이야기는 경쟁자를 깎아내리는 태도와 존중하는 태도, 허세와 진짜 자신감의 차이가 어떻게 한쪽에는 수만 달러의 손실을, 다른 한쪽에게는 그만큼의 이익을 가져다주는지 잘 보여준다. 존은 세 곳의 수입차 딜러를 방문해 차종은 물론 각 매장에서 어떤 경험을 하게 되는지도 비교해보기로 했다.

처음 찾아간 건 BMW 딜러 마이크Mike였다.

그전에 몇 번 매장에 들러 차를 구경한 적이 있었는데, 마이크는 저를 어렴풋이 기억하고 있었어요. 마이크는 저와 아이들을 시승시켜주었고, 그동안 가벼운 대화도 나눴죠. 이렇다 할 불만은 없었지만, 차에 대한 정보도 별로 얻지 못했고 특별한 가치를 느끼지도 못한 채 매장을 나섰어요.

다음은 렉서스Lexus였습니다.

가장 가까운 렉서스 매장까지 90분이나 걸리는데, 사실 너무 바빠 찾아갈 겨를이 없었죠. 그런데 렉서스의 딜러 팅크 도일Tink Doyle이 제 전화를 받더니 이렇게 말하더군요. "제가 차를 직접 가져가 보여드릴 수 있어요. 어떤 차를 찾고 계신가요?" 음, 마이크는 묻지 않은 질문이었죠. 또 어떤 브랜드를 고려하고 있는지 묻길래, BMW, 렉서스, 메르세데스벤츠Mercedes-Benz를 얘기했어요. 팅크는 이렇게 말했습니다. "셋 다 좋은 차죠. 개인적으로는 렉서스를 좋아합니다. 그러니까 여기서 일하겠죠. 하지만 BMW와 메르세데스벤츠도 훌륭한 차여서 어느 쪽을 고르셔도 후회하지 않으실 겁니다." 팅크는 제가 차를 살필 수 있도록 직접 가져오겠다고 했고, 다음 날엔 다른 모델을 가져왔어요. 그다음 날은 또 다른 모델을 가져왔죠. 그 일주일 동안 저는 하루도 빠짐없이 렉서스를 시승할 수 있었습니다.

마지막은 메르세데스벤츠였습니다.

메르세데스벤츠의 딜러인 에드Ed는 제게 다른 차를 시승해봤는지 묻더군요. 제가 "BMW…"라고 말을 떼자마자 에드는 코웃음을 쳤어요. "…그리고 렉서스요"라고 하니까 이번에는 비웃는 소리를 냈어요. 에드는 "렉서스는 별로예요"라고 단언하더니 왜 **잘못된** 선택인지를 줄줄이 늘어놓았습니다. 기본적으로 싼 차체에 가격만 부풀린 거라는 둥, 멀리 있는 딜러와 거래하면 불편하기만 할 거라는 둥, 에어백도 안전하지 않다는 소문을 들었다는 둥….

메르세데스벤츠 매장을 나설 때쯤, 전 에드 덕에 결론을 내릴 수 있었어요. 저는 렉서스를 샀습니다.

물론 자동차 자체의 특징도 구매 결정에 영향을 주었다. 하지만 결정적인 건 세일즈맨들의 태도였다.

남을 깎아내릴 때 가장 초라해 보이는 사람은 다름 아닌 자기 자신이다. 반대로 품위를 지키며 경쟁자를 높여줄 때, 그 태도는 모든 배를 띄우는 밀물처럼 전체를 끌어올리며 당신을 더욱 빛나게 만든다.

4부

THE LAW OF A

진정성의 법칙

AUTHENTICITY

21장

본연의 모습으로 승부하라

"그 심포지엄의 연사는 '가치를 더하라'고 했습니다.
그런데 제게는 나 자신 외에는 더할 게 없었어요.
놀랍게도 바로 그것이 지금껏 제가 놓친 부분이었어요."

—데브라 대븐포트

잠재 고객만 사람이 아니다. 당신 또한 그렇다. 당신은 있는 그대로의 자신이면 된다.

세일즈에 대한 가장 흔한 오해 하나를 바로잡고 넘어가자. 흔히, 많은 사람들의 삶에 가닿고 긍정적인 변화를 주기 위해서는 '사람을 좋아하는 성격', 즉 누구와도 자연스레 친해지고 편하게 얘기하고 커피 한잔할 만큼 사교적인 성격을 타고나야 한다고 생각하지만 그럴 필요는 없다.

더 정확히 말하면, 반드시 그런 성격을 타고나야 할 필요는 없다. 우리 모두가 살아가며 자연스럽게 좋은 친구란 무엇인지 터득하는 것처럼, 누구나 성공하는 세일즈맨의 요소를 배울 수 있다.

성공하려면 '안전지대를 벗어나야 한다'고 가르치는 세일즈 책들이 많다. 정말일까? 당신이 불편할 정도로 억지로 자신을 밀어붙이면, 상대 또한 불편하게 느낄 가능성이 높다. 의식적이든 무의식적이든 상대도 당신의 불편함을 감지하기 때문이다. 다시 말하지만, 태도는 전염된다.

인간에게는 불편한 상황을 피하려는 본능이 있다. 심지어 불편을 피하기 위해 웬만한 일은 다 하려 든다. 그렇다면 왜 굳이 본능이 거부하는 불편함 위에서 일을 지속하려 하는가?

이미 수많은 도전과 불편을 끊임없이 던져주는 세상 속에서 일부러 불편함을 찾아다닐 필요는 없다.

그러니 안전지대를 억지로 벗어나려 하기보다 지금 서 있는 자리에서 안전지대의 울타리를 조금씩 넓혀보라.

범위를 점점 확장하여 다른 사람까지 품을 수 있을 만큼 크게 만드는 것이다. 자기 자신에서 **벗어나기**보다 오히려 진정한 자기 자신 속으로 **들어가라**.

훌륭한 세일즈맨들을 관찰해보라. 그들이 불편해하는 기색을 본 적 있는가? 전혀 없다. 진정 탁월한 세일즈맨들은 세일즈를 정말 쉽게 해내는 것처럼 보인다. 어떻게 그럴 수 있을까? 바로, 자기 자신 속으로 들어가서 본연의 모습으로 상대를 대하기 때문이다. 그들은 억지로 꾸민 가면을 쓰지 않는다.

에미상을 수상한 영화 〈도어 투 도어 Door to Door〉의 실제 주인공 빌 포터 Bill Porter 는 진정성의 힘을 보여주는 산 증인이다. 뇌성마비로 태어난 그는 어디서도 일자리를 구하지 못했다. 그러나 빌 포터는 장애에 굴복하지 않았다. 말이 어눌하고 심하게 절뚝였지만, 끝내 왓킨스 컴퍼니 Watkins Company 를 설득해 16킬로미터에 이르는 구역의 방문 판매를 맡게 되었다.

그는 세일즈에 자기 삶 전부를 쏟아부었다. 노크 소리에 문을 연 잠재 고객이 마주한 사람은 어떤 가식도 꾸밈도 없는 본연의 빌 포터 자신이었다. 빌은 모든 고객을 극진히 대했고 감사 편지를 보냈으며 거래 이후에도 꼼꼼히 상황을 챙기고 서비스를 제공했다. 결국 그는 회사 최고의 세일즈맨이 되었다. 어떻게 그랬을까? 바로 **자기 자신이 되었기 때문이다.**

빌 포터는 자신을 장애인으로 정의하지 않았다. 그래서 다른 사람들도 그를 동정의 시선으로 보지 않았고, 그저 또 한 명의 인간으로서 그와 연결되었다. 빌은 단순히 제품과 서비스를 판매한 것이 아니라 고객들 삶의 일부가 되었다. 일흔여섯이 된 지금까지도 그렇게 하고 있다. 그는 자신의 웹사이트에 이렇게 적었다. "몸의 활력은 예전보다 덜하지만 지금도 단골들에게 전화를 걸어 주문을 받으며 그들의 삶에 일어난 변화와 새로운 소식을 묻고 나눕니다."

《더 기버 1》을 읽은 사람들은 진정성의 법칙에 관해 이렇게 묻곤 했다. "어떻게 해야 진정성이 생기나요?" 정답은 이렇다. 진정성은 '생기는 것' 아니라 이미 '가지고 있는 것'이다. 진정성은 찾아 나서는 것도, 덧입는 것도 아니다. 그냥 받아들이면 된다.

진정성authenticity과 밀접한 단어가 진실성integrity인데, 이는 나뉘지 않은 '온전한 상태'를 뜻한다. 'integrity'라는 영단어는 '~하지 않은'을 뜻하는 라틴어 'in'과 '건드리다' 라는 뜻의 라틴어 'tangere'에서 유래했다. 즉, 손대지 않은 원래 상태 그대로라는 의미다.

온전한 상태라는 것은 말과 행동이 따로 놀지 않는다는 것이다. 당신이 말한 대로 행동하고 행동한 대로 말할 때, 당신은 신뢰할 수 있는 진실한 사람이 될 수 있다.

(어쩌면 만들어진 이야기일 수도 있지만) 간디와 관련하여 진정성의 힘을 잘 보여주는 일화가 하나 있다.

어느 날, 한 여인이 존경받는 지도자 간디를 만나기 위해 아들과 함께 먼 길을 찾아왔다. 그를 만난 여인은 이렇게 말했다.

"스승이시여, 제 아들에게 설탕을 먹지 말라고 타일러 주십시오."

위대한 지도자는 여인에게 30일 뒤에 아이와 함께 다시 와달라고 부탁했다. 여인은 당황하고 화도 났지만 어쩔 수 없이 그대로 돌아갔다. 한 달 뒤, 다시 아들을 데리고 그를 찾아온 여인이 말했다. "스승이시여, 30일이 지나 다시 돌아왔습니다. 이제 제 아이에게 설탕을 먹지 말라고 타일러주십시오."

간디는 소년을 다정히 바라보며 말했다. "얘야, 설탕을 먹지 말아라." 소년은 곧바로 고개를 끄덕이며 그날부터 설탕을 먹지 않겠다고 약속했다.

여인은 감사하면서도 의아해했다. "스승이시여, 이해가 되지 않습니다. 왜 굳이 30일을 기다렸다가 먼 길을 다시 오게 하신 건가요? 그때도 부탁한 말을 지금처럼 해주실 수 있었을 텐데요."

간디가 대답했다. "그때는 **나도** 설탕을 먹고 있었기 때문이지요."

22장

프리젠트 vs 프레즌트

또 한 번의 웃음과 박수가 장내를 휩쓸었다.
'시작한 지 겨우 60초 만에 벌써 분위기를 장악했어.'
조는 속으로 감탄했다.

영단어 'present'를 읽는 법은 여러 가지다. '프리젠트'라고 읽으면 '설명하다'라는 뜻의 동사로, 세일즈에서는 당신의 이야기를 전하고 당신의 맥거핀이 어떤 놀라운 변화를 가져올 수 있는지 설명하는 걸 의미한다. 반면에 '프레즌트'로 읽으면 '현재의'라는 형용사로, 당신이 지금 이 순간 존재하며 지금 이 시공간 속에서 영향력을 발휘한다는 의미가 된다.

여기서 우리가 말하고자 하는 건 둘 다다. 당신이 효과적으로 메시지를 **프리젠트**(전달) 하려면, 바로 지금 이 순간에 온전히 **프레즌트**(존재) 해야 한다.

예전에는 세일즈맨들이 수치와 데이터, 정보를 달달 외워서 '걷고 말하는 브로슈어'가 되도록 훈련받았다. 과거에는 정보를 제공하는 것이 곧 가치를 창출하는 방법이기도 했다. 하지만 이제는 그렇지 않다. 누구나 쉽게 정보를 얻을 수 있는 오늘날, 정보 전달만으로는 아무런 가치를 주지 못하며 오히려 사람들의 시간을 빼앗을 뿐이다. 그래서 프레젠테이션은 더 이상 단순한 정보 전달을 위한 것이 아니다(처음부터 그것만이 목적이었던 적은 없지만). 이제 프레젠테이션은 정보를 넘어 **의미**를 전달하는 일이다.

많은 사람들이 여전히 세일즈를 잘한다는 건 곧 프레젠테이션을 잘한다는 뜻이라고 착각한다. 하지만 비즈니스에서 중요한 기술은 당신의 맥거핀에 대한 사실과 수치를 줄줄 외워 말하는 능력이 아니다. 중요한 건 **진정성**을 내보이는 것, 즉 진심으로 다가가 사람들과 연결하는 능력이다.

세일즈에는 이런 말이 있다. "사실은 말해주고, 이야기는 팔아준다." 운율이 맞아 외우기는 쉽지만 100퍼센트 맞는 말은 아니다. 이야기가 반드시 판매로 이어지는 것은 아니다. 이야기는 **연결**을 만들어준다.

당신은 세일즈 과정에서 크고 작은 청중 앞에서 공식적인 발표를 할 수도 있고, 전화 통화나 커피숍, 사무실, 혹은 거실에서 일대일 대화를 할 수도 있다. 하지만 맥락이 어떻든 간에 원칙은 같다.

예를 들어보자. 잭이 지역 단체 모임에서 자신의 서비스를 소개할 기회를 받았다. 사회자가 잭을 소개하고, 잭은 무대 중앙으로 나서 쭈뼛쭈뼛 청중을 바라본다.

아, 안녕하세요? (주위를 둘러보고, 마이크를 몇 번 두드리며) 마이크 켜졌나요? 목소리 들리시나요? 좋아요. 자… 와, 정말 멋진 분들이 모이셨네요! 오늘 이 자리에 오게 되어 얼마나 기쁜지 모르겠습니다. 본론에 들어가기 전에 이 자리를 마련해준 짐 젠킨스Jim Jenkins 씨에게 감사드립니다. 다 같이 박수 부탁합니다!

군데군데 박수 소리가 나고, 몇 사람은 헛기침하거나 자리에서 몸을 꼼지락댄다. 안타깝게도 잭의 발표는 시작하기도 전에 사실상 끝나버렸다. 이제부터는 아무도 그의 말을 제대로 듣지 않을 것이다. 어떻게 아느냐고? 흔히 하는 말처럼 첫인상을 줄 기회는 오직 한 번뿐인데, 잭은 그 소중한 순간을 자기 자신에게만 집중하며 허비했기 때문이다. 그는 온전히 현재에 있지(**프레즌트**) 않았다.

우리가 무언가를 말할 때 나오는 말은 항상 머릿속에 있는 질문에 대한 응답이다. 잭의 오프닝은 이런 질문들에 대한 응답이었다.

내가 어떻게 보일까? 뭐라고 말해야 하지? 내가 잘하고 있는 걸까? 내가 긴장한 게 티 날까? 사람들이 나를 좋아해 줄까?

물론 잭은 진심으로 임했고 프레젠테이션을 통해 전할 가치도 충분히 갖고 있었다. 하지만 스스로에게 잘못된 질문을 던지는 바람에 '와, 정말 멋진 분들이 모이셨네요!' 같은 어색한 말로 시작하고 말았다. 발표를 잘 못하는 사람 열에 아홉이 분위기를 풀겠다고 쓰는 그 방식이다.

반면, **훌륭한** 발표자 중에 이렇게 시작하는 사람은 단한 명도 없다. 그들이 긴장을 모르는 담력의 소유자여서도, 프레젠테이션 기술이 뛰어나서도 아니다. 이들이 발표에 뛰어난 이유는 시선을 자기 자신이 아닌 청중에게 두기 때문이다.

진정으로 탁월한 발표자들이 청중 앞에서 스스로에게 던지는 질문은 이런 것들이다.

이 사람들이 지금 가장 원하는 건 무엇일까? 이 사람들은 누구일까? 이들이 찾고 있는 건 뭘까? 왜 여기에 와 있는 걸까? 내가 이 사람들에게 전할 수 있는 가장 가치 있는 것은 무엇일까?

자, 이제 잭의 발표로 돌아가자. 이번에는 잭이 시작하기 전 스스로에게 '이건 나에 관한 게 아니라 상대에 관한 것이다'라는 사실을 상기한다. 청중의 입장이 되어 그들의 두려움과 희망이 어디에서 나오는지, 자신이 줄 수 있는 가장 큰 가치가 무엇일지 자문한다.

그리고 잭의 발표가 시작된다. 사회자가 잭을 소개하고, 잭은 무대 중앙으로 나서 꼿꼿하게 선 후 똑바로 청중을 바라본다.

그때의 기분을 저는 지금도 생생히 기억합니다. 23년 전 일이었죠. 저는 젊었고 야심에 차 있었지만, 동시에 두려움에 떨고 있었습니다. 상사의 호출을 받아 사무실에 들어선 후 제 인생에서 다시는 듣고 싶지 않은 말을 듣고 말았습니다. "잭, 유감이네. 구조조정을 하게 됐어…."

순간, 방 안은 고요해진다. 아무도 움직이지 않고, 모든 눈과 귀가 잭에게 집중된다. 왜일까? 잭의 화려한 언변이나 노련함 때문이 아니다. 그것이 **진짜였기 때문이다.** 그는 청중의 소중한 시간과 주의를 한 순간도 낭비하지 않았다. 대신 그들의 삶과 직결될 수 있는 중요한 이야기로 곧장 들어갔다.

물론 발표할 때는 중요한 정보, 제품의 혜택, 공유할 일화나 사례 등을 잘 준비해야 한다. 하지만 긴장하지 말고 여유를 가져라. 사람들은 이런 정보를 얼마나 완벽하게 암기했는지로 평가하지 않는다. 그들이 평가하는 건 얼마나 제대로 교감했는지다. 대화에 들어설 때는 늘 이런 질문을 품어라.

이 사람은 누구인가? 이 사람이 원하는 것은 무엇인가? 이 사람이 찾고 있는 것은 무엇인가? 내가 이 사람에게 전할 수 있는 가장 가치 있는 것은 무엇인가?

그리고 늘 스스로에게 상기시켜라. 중요한 건 내가 아니라 상대방이다.

사람들은 자주 묻는다. "대본을 쓰는 건 어떤가요? 할 말을 외워 말하면 진정성이 없어 보일까요?"

텔레마케터가 전화를 걸어 단어 하나 틀리지 않고 대본을 읽는 걸 들으며 감동의 눈물을 흘리는 사람을 본 적이 있는가? 없다. 하지만 그렇다고 대본이나 암기한 문구가 반드시 가짜라는 뜻은 아니다. 회사 자료에서 나온 것이든, 당신이 직접 쓴 것이든, 그 또한 진정성의 표현이 될 수 있다.

좋아하는 음악가를 떠올려보라. 클래식이든 대중음악이든 상관없다. 연주자들이 무대 위에서 바흐 독주곡을 연주하거나 밴드 멤버들이 함께 노래하는 모습을 그려보라. 그들이 그 음악을 미리 암기했을까? 물론이다. 음절 하나하나, 가사 한 줄 한 줄 철저하게 외웠다. 그렇다고 그게 진정성이 없다고 할 수 있을까? 오히려 훌륭한 음악가의 연주를 듣는 것은 진정성을 가장 깊이 있게 느끼는 경험을 선사한다.

미리 준비된 말을 쓰지 말라는 뜻이 아니다. 중요한 건, 그 말을 할 때 머리로 이해하고 가슴으로 느끼며 진짜 당신에게서 우러나온 언어로 상대에게 전하는 것이다.

23장

최소한의 약속, 최대한의 실천

“그 후로 집을 몇 채 더 팔았죠.”
데브라가 말을 잇자 청중 사이에서 웃음과 박수가 터져 나왔다.
모두가 데브라 대븐포트의 판매 실적을 알고 있었다.
‘몇 채’ 더 팔았다는 건 이 시대 최고의 겸손으로 꼽을 만한 표현이었다.

흔히들 세일즈를 다른 사람을 설득해서 내가 원하는 대로 움직이게 하는 일이라고 생각한다. 하지만 정말로 훌륭한 세일즈맨은 결코 누군가를 설득하려 하지 않는다.

누군가를 설득하려는 노력 자체에 이미 실패의 씨앗이 들어 있다. ‘납득시키다’라는 뜻의 영단어 ‘convince’는 ‘정복하다’라는 뜻의 라틴어 ‘vincere’에서 나왔다. 설득한다는 건 곧 ‘논쟁에서 이긴다’는 뜻이다. 인간관계의 대가로 불리는 데일 카네기Dale Carnegie는 이렇게 말했다. "자기의 의지에 반해서 설득된 사람은 여전히 예전의 생각을 고수한다." 잘 생각해보라. 본인의 의지에 반하지 않고 설득된다는 것이 과연 가능할까?

"제 말을 믿어보세요…. 절 믿으세요…. 제가 장담하는데… 제 생각엔 말이죠…."

혹시 이런 표현들이 당신의 말 속에 들어 있다면 하루빨리 그만두길 바란다. 이런 말은 진정한 가치를 전달하지 못한다. 우선, 전부 '자기중심적'인 표현이다. 게다가 이런 강압적인 주장들은 오히려 상대 마음에 큰 의심을 남긴다. 정말로 믿을 만한 사람이라면 굳이 스스로 '날 믿으라'고 말할 필요가 있을까?

누군가 다음과 같이 말하면 어떨까?

이건 정말 **믿기지 않는** 맥거핀입니다. **믿을 수가 없을** 정도예요! 장담컨대, 지금까지 만들어진 맥거핀 중 최고입니다! 당신도 분명 좋아하게 될 거예요. 아니, 이걸 쓰고 나면 어떻게 이것 없이 버텼는지 놀랄 겁니다!

이 짧은 문장에는 듣는 이를 불편하게 하고, 연결을 만들기는커녕 마음의 벽을 세우게 하는 요소들이 수도 없이 많다. ('믿기지 않는'과 '믿을 수가 없는'이라는 말은 문자 그대로 말하는 이를 '믿기지 않게' 한다. 신뢰를 얻으려는 말치고는 전혀 효과가 없다.)

이런 표현들의 공통점은 바로 '과장'이다.

세일즈 세계에는 이런 훌륭한 격언이 있다. "약속은 최소한으로 하고, 실천은 최대한으로 해주어라." 이는 가치의 법칙을 잘 보여주는 말이자, 훌륭한 세일즈 정신의 핵심 철학이다. **당신이 한 모든 약속을 반드시 지켜라.** 여기에는 대면이든 통화든 약속 시간에 절대로 늦지 않는 것, 보내겠다고 한 자료나 링크, 참고 정보를 반드시 보내는 것, 그리고 빌 포터가 그랬듯 늘 변함없는 고객 서비스를 제공하는 것까지 모두 포함된다.

과장은 전형적인 과대광고다. 과장이 나쁜 이유는 그 약속을 충족시키는 것이 애초에 불가능하기 때문이다.

과장과 과대광고는 거의 항상 의도와는 반대의 결과를 낳는다. 사람들을 한발 물러서게 하고, 등을 돌려 달아

나게 하는 것이다.

물론 대부분의 세일즈맨이 일부러 과장하는 것은 아니다. 그들은 '열정을 보이라'는 교육을 받아왔고, 자신이 파는 맥거핀이 실제로 사람들에게 도움이 될 것이라 진심으로 믿는다. 하지만 억지로 드러내는 지나친 열정은 결국 상대의 눈에 과장 혹은 허세로 비칠 뿐이다.

허세라는 가면 뒤에는 대개 흔들림, 의심, 불안이 자리한다. 아무리 숨기려 해도 사람들은 금세 눈치챈다. 자신과 자신의 맥거핀을 진심으로 믿고 있다면, 그런 요란한 과장과 떠벌림에 기대지 않았을 테니까 말이다.

진심 어린 열정과 흥분을 억누르거나 감추거나 무조건 냉철한 자세를 고수하라는 뜻이 전혀 아니다. 무언가에 관한 긍정적인 확신에도 두 가지 형태가 있다. 하나는 자신 있어 보이려는 의식적인 노력에서 비롯된 강압적인 선언이고, 다른 하나는 진정성의 고요함 속에서 자연스럽게 흘러나오는 담담한 사실의 진술이다. 전자는 허세에서 비롯되지만, 후자는 '깊이 알고 있음'에서 비롯된다.

이는 간디의 유명한 격언과 통한다. "세상에 바라는

변화가 있다면, 스스로 그 변화가 되어야 한다." 자신감과 진정한 열정은 타인을 겨냥해 쏘는 미사일이 아니다. 그것은 내 안에서 빛을 발하는 등불이다.

초년생 시절, 몇몇 지인들이 존을 어느 유명 작가의 마감이 촉박한 한 프로젝트의 대필 작가 후보로 추천해주었다. 존이 제시한 원고료를 두고 망설이던 작가는 프로젝트 관련자들과 전화 면접을 진행했다.

면접이 시작되자마자 작가는 첫 마디로 존에게 도전장을 던졌다. "그래서, 사람들이 말하는 실력의 절반이라도 하나요?"

존은 미소를 지으며 이렇게 대답했다. "네, 선생님. 사람들이 말하는 것의 딱 절반만큼 잘합니다!"

작가는 큰 소리로 웃었고 그 자리에서 존을 고용했다. 그리고 작업이 끝난 후, 존이 제시한 원고료의 정확히 두 **배를** 지급했다.

다시 말하지만, 적게 약속하고 그 이상을 해주어라.

24장

경청이 진짜 소통을 만든다

흔히들 **소통 능력**이라 할 때, 대부분은 말로 자신을 잘 표현하는 능력을 의미한다. 그러나 그것은 정확히 말하면 '**표현 능력**'이다. 표현은 소통 과정의 기껏해야 절반일 뿐이다. 진짜 훌륭한 소통가의 비결은 말솜씨가 아니라 공감력에 있다. 그들은 자기 말을 꺼내기 전에 상대의 입장과 경험을 깊이 이해한다.

그 깊은 이해에 이르는 확실한 길은 단 하나, 듣기다.

소통 능력에서 훨씬 더 중요한 절반은 당신이 무엇을 어떻게 말하느냐가 아니라 상대의 말을 얼마나 잘 듣느냐에 달려 있다.

오늘날 눈코 뜰 새 없이 흘러가는 바쁜 세상에서 제대로 경청하는 이는 드물다. 우리는 대부분 '○○을 하기 위해서' 듣는다. 상대의 말이 끝나자마자 내 말을 하기 위해서, 세일즈에 도움이 될 정보를 얻기 위해서, 중간에 "아, 그 기분 **딱 알겠어요!** 이 제품이 그 문제에 **완벽한** 해결책이에요!"라고 끼어들 틈을 찾기 위해서다.

훌륭한 세일즈맨은 **무언가를 위해** 듣지 않는다. 그냥 듣는다. 상대에게 관심이 있으니까, 호기심이 생기니까, 그 사람을 알고 싶으니까, 배우고 싶으니까 듣는다.

세일즈에서는 종종 '능동적 경청'이라는 기법을 가르친다. 경청하고 있다고 상대가 느낄 수 있도록 고개를 끄덕이거나 '음, 그렇군요' 같은 반응을 보여주며 대화에 적극적으로 참여하고, 그들이 말을 마친 뒤에는 방금 들은 내용을 반복해 확인하는 방식이다.

의도만으로도 나름의 값어치가 있지만 현실에서는 종

종 빗나가고 만다. 문장 속에서 상대 이름을 자주 부르라는 기법과 비슷하게, 이 또한 과하게 쓰면 부자연스럽고 거슬린다. "음, 네, 그렇군요. 아, 네, 네, 무슨 말인지 딱 알아요. 예, 네, 네, 음…." 이제 그만! 그런 '피드백'이 오히려 경청을 방해한다.

가장 성의 있고 상대를 존중하는 경청의 방법은 그냥 듣는 것이다.

듣는 방식은 당신이 어떤 질문을 마음속에 품고 있느냐에 따라 달라진다. '저 말에 대해 나는 어떻게 생각하지? 다 끝나면 나는 뭐라고 답하지?'라는 틀 속에서 들을 수도 있고, 아니면 '이 사람이 정확히 무엇을 말하고 있지?'라는 틀에서 들을 수도 있다.

첫 번째 방식의 문제는 초점이 상대의 말이 아니라 내가 할 말에 가 있기 때문에, 결과적으로 상대의 말을 제대로 듣지 못한다는 점이다. 두 번째 방식은 초점이 상대에게 가 있으며, 내 차례가 오면 그때 자연스럽게 응답하면 된다는 믿음이 깔려 있다.

세상에서 경청처럼 보이는 것의 99퍼센트는 사실 진

짜 듣기가 아니다. 그저 정지 신호에 걸린 자동차처럼 머릿속 엔진을 켠 채 파란불이 켜지기만 기다리는 것에 불과하다. 들을 때는 기어를 중립에, 더 좋게는 주차 상태에 놓고 엔진을 꺼야 한다. 그냥 들어라.

우리의 친구인 질 아버Gilles Arbour가 네트워크 마케팅을 막 시작했을 때의 일이다. 한 고객이 질의 설명을 들은 후 물었다. "그러니까 암웨이Amway와 비슷한 건가요?"

질은 서둘러 부인했다. "아, 아니에요, 전혀요. 그러니까 큰 틀에서는 비슷할 수 있는데, 이런저런 면에서 암웨이와는 아예 다릅니다."

그랬더니 그 사람이 말했다. "그거 아쉽네요, 전 암웨이를 좋아하거든요."

상대가 방금 한 말의 의미를 당신이 잘 안다고 **가정하지** 마라. 묻기 전에는 모른다.

듣기는 종종 진짜 핵심에 닿을 수 있는 유일한 길이다. 처음부터 자신의 속마음이나 진짜 고민을 바로 털어놓는 사람은 거의 없다. 사실, 그들조차 처음엔 자신의 진짜 생각과 걱정이 무엇인지 모를 때가 많다.

플라톤이 말했듯, 진실은 대화 속에서 드러난다. 그리고 경청이 있어야만 진정한 대화가 꽃피울 수 있다. 반면에 제대로 듣지 않으면, 자칫 대화가 기싸움으로 전락할 수 있다.

당신이 부동산 중개인이라고 가정해보자. 당신이 방금 보여준 집에 대해서 잠재 고객과 얘기하는 상황은 다음과 같을 것이다.

고객: 글쎄요… 집이 도심에서 너무 먼 것 같아요.

당신: 15킬로미터 정도인데요. 그렇게 멀지 않아요.

고객: 음… 저희는 모든 게 모여 있는 중심가에서 가까운 곳이 좋아요.

당신: 전혀 문제없죠! 길이 막혀도 25분, 안 막히면 15분이면 충분해요.

고객: 글쎄요, 잘 모르겠네요….

당신: 그래도 집 자체는 마음에 드시죠?

이건 소통이 아니다. 팔씨름이다. 한번 팔씨름이 시작

되면 끝이다. 이겼다 해도 지는 것이다. 다시 해보자. 이번
엔 그저 듣자.

고객: 글쎄요… 집이 도심에서 너무 먼 것 같아요.

당신: 어떤 부분이 그렇게 느껴지세요?

고객: 음… 집은 **정말** 마음에 들어요. 그런데 저희는 모든
게 모여 있는 중심가에서 가까운 곳이 좋거든요.

당신: 그 점이 아주 중요하시군요. '모든 것'이라면 구체적
으로 어떤 것들을 생각하시나요?

고객: 음, 그러니까… 아이가 아직 어리고, 앞으로 2~3년
안에 아이가 더 생길 수도 있거든요. 그러니까 쇼핑이든
영화든 필요한 건 뭐든지 바로 이용할 수 있었으면 해요.
아이가 다쳐서 병원에 빨리 가야 할 상황이 있을 수도 있
고요…. 남편과 저는 둘 다 도심 한복판에서 자랐거든요.
뭐든 몇 분 거리에 있는 게 익숙해요. 그래서인지 15킬로
미터는 너무 멀게 느껴져요.

당신: 네, 무슨 말씀인지 알겠습니다. 그러니까 집은 마음
에 들지만, 도심과의 접근성과 거주의 편안함 사이에서 균

형을 잡았으면 한다는 말씀이죠. 제가 제대로 이해했나요?

고객: 네, 맞아요. **바로** 그거예요!

당신: 그러면 이건 어떨까요…. 마침 이곳의 몇 킬로미터 이내에 개발 계획이 진행 중이에요. 상가도 들어오고 영화 관도 생기고 응급의료센터도 들어온다고 들었어요. 두 분의 기준을 충분히 만족시킬지는 모르겠지만, 한번 같이 가서 확인해보실래요?

논쟁하지 않고 귀 기울여 듣고 또 진심으로 듣고 있음을 보여줌으로써, 세일즈 과정을 한 단계 진척시켰다. 이 소통 과정에서 당신의 목적은 그저 판매를 성사시키는 게 아니라 고객을 위해 가치를 창출하는 데 있다는 진심을 전달했기 때문이다. 앞의 예시처럼 고객의 생각을 부정하고 걱정을 별일 아닌 것처럼 치부하지 않고, 그 관점을 존중했다.

이것이 진짜 경청이 주는 최고의 혜택이다. 상대를 존중하는 것 말이다. 귀 기울여 들음으로써, 상대에게 '당신은 중요하며, 당신을 소중히 여기고 있다'라는 메시지를 전한다. 바로 이것이 굳건한 관계의 기초다.

어쩌면 상대의 삶을 통틀어 볼 때, 당신이 보여주는 경청만큼 그들의 말을 들어주는 사람은 아무도 없었을지도 모른다.

《더 기버 1》의 중반에는 중요한 전환점이 등장한다. 바로 조가 스승들이 가르쳐준 교훈을 비로소 마음으로 이해하기 시작하는 순간이다. 흥미롭게도 그 장면은 비즈니스와는 아무 관련이 없다. 조가 아내 수전과 함께 집에 있는 상황이 등장하는 유일한 장면이기도 하다.

그날 조는 두 사람 사이에서 처음으로 자신의 관심사를 옆으로 밀어두고 어떤 목적이나 계산 없이 온 마음으로 수전의 이야기를 그저 듣는다. 직장에서 있었던 힘든 일을 털어놓는 수전의 말에 경청하며 조는 그간의 '50 대 50의 관점'에서 벗어나, 샘이 말했던 오직 상대에 집중하는 '100퍼센트의 관점'으로 옮겨간다.

이 전환의 순간은 요란하지도 극적이지도 않았다. 오히려 조 자신조차 그때는 아무런 도움도 주지 못했다고 생각했다. 하지만 그 작은 변화가 없었다면 이야기는 거

기서 멈췄을 것이다. 그리고 아마도 헨리 데이비드 소로
Henry David Thoreau가《월든》에서 일컬었던 "조용한 절망"의
삶을 계속 살았을지도 모른다.

그러나 그 대신, 그의 삶 전체가 변했다.

그 결정적인 순간 무슨 일이 있었을까? 그는 들었다.

25장

미끄러지는 방향으로 핸들을 틀어라

"베풂에 관한 이 모든 이야기가 어떤 사람에게는 참 좋게 들린다네.
나나 니콜이나 에르네스토 같은 사람에게는 그래. 그런데 자네에겐 아니야.
본성에 맞지 않아." 잠시 침묵이 흘렀다. "그렇지 않나?"
조가 한숨을 쉬었다. "그런 것 같아요."

이제 세일즈 과정에서 가장 민감한 순간, 많은 세일즈맨들이 특히 두려워하는 단계에 다다랐다. 바로 '거절을 다루는 일'이다. 다른 단계들과 마찬가지로, 우리의 접근법은 아마도 이제껏 익숙하게 들어온 방식과는 거의 정반대로 느껴질지도 모른다.

이 과정을 하나하나 풀어가다 보면 놀라운 사실을 발견하게 된다. 바로 이 거절의 순간이 상대에게 가장 큰 가치를 만들어줄 기회가 된다는 것이다. 사실 여기서 우리는 세일즈의 가장 강력하면서도 잘 알려지지 않은 비밀 중 하나와 마주하게 된다.

사람들이 '거절'이라 부르는 순간이야말로, 진짜 세일즈가 이루어지는 순간일 때가 많다.

상대가 거절 반응을 보였을 때 가장 자연스러운 반응은 **'반박'**이다. 상대가 당신의 맥거핀에 대해 의문이나 걱정, 불만이나 망설임을 보이는 즉시 방패와 창을 들 준비를 하는 것이다. 전형적인 '거절 극복' 과정은 본질적으로 일종의 전투다. 당하는 사람으로서는 움찔하거나 불편하거나 도망치고 싶은 기분이 드는 게 당연하다.

하지만 거절의 진실을 알려주겠다. 바로, 대부분의 경우 거절은 **진짜 '거절'이 아니라는 것이다.**

상대의 입장에서 생각해보자. 당신은 당신의 맥거핀을 속속들이 아는 전문가다. 그러나 상대는 그렇지 않다. 어쩌면 상대로서는 그 맥거핀을 지금 막 처음 접하고 고민하는 것일 수도 있다. 게다가 그들 역시 각자의 삶 속에서 수많은 문제들을 안고 있다. 당신과 대화를 나누는 이 순간에도 마음 어딘가에서는 여전히 그 고민들이 그들을 괴롭히고 있을지 모른다.

상대가 입 밖으로 꺼내는 말이 그들의 속마음 전부일 가능성은 거의 없다. 어쩌면 그들 자신도 정확히 **무엇을 생각하는지** 확신이 없을 수도 있다. 그래서 자신의 입장을 정리하려는 과정에서 일단 가장 먼저 떠오른 생각을 내뱉으며 '잠깐, 너무 서두르지 마세요'라는 신호를 보내는 것이다.

상대가 최종적으로 어떤 생각을 갖게 될지는 **이후 30초 동안 당신이 어떻게 행동하느냐**에 달려 있다. 두 가지 선택이 있다. 하나는 그들을 논박하는 것이다. 하지만 그렇게 하면 상대의 부정적인 생각은 오히려 단단하게 굳어져버린다. 다른 하나는 그들의 반응을 '추가 설명 요청'으로 받아들이고(사실 대부분이 이런 경우다) 같은 편에 서서 함께 재확인하는 것이다.

기버는 고객의 거절 의사에 공감으로 접근한다. 반대

편에 서서 전투적인 논쟁 자세를 취하는 대신, 상대 옆에 나란히 서서 문제를 함께 바라본다.

우리는 이를 '미끄러지는 방향으로 핸들 틀기'라고 표현한다.

자전거를 처음 배울 때를 떠올려보라. 넘어지려 할 때 어떻게 하라고 배웠는가? 넘어지는 쪽으로 핸들을 돌리면 오히려 기울어짐이 멈춘다. 하지만 훈련되지 않은 본능은 소리친다. '아니야, 반대로! 오른쪽으로 기우니까 왼쪽으로 꺾어! 세게!' 그리고 그 본능을 따르면 어떻게 되는가? 엉덩방아를 찧고 바닥에 나뒹군다. '방금 무슨 일이 있었지?' 하면서.

사람들과의 소통도 똑같다. 어느 지점에서 대화가 장애물에 덜컥 걸려 무너지는 것 같을 때, 본능은 이렇게 속삭인다. '반대로 틀어! 세게!'

상대: 글쎄요, 이 제품은 좀 비싼 것 같아요….

당신: 비싸다니요? 전혀요! 제품의 기능을 생각해보면 오히려 싼 편이죠. 고객님이 한 달에 콜라, 과자, 군것질에 쓰

는 돈을 다 합쳐보신 적 있나요? 그거에 비하면 이건 새 발의 피도 안 돼요.

쾅! 그야말로 곤두박질이다.

자동차를 처음 운전할 때도 똑같이 배우지 않았는가? "빙판길에서 차가 미끄러지기 시작하면, **미끄러지는 방향으로 핸들을 돌려라.**" 말도 안 되는 소리처럼 들릴지도 모른다. 몸속 모든 세포가 '아니야, 미끄러지는 **반대쪽으로 돌려야해!**'라고 소리칠 수도 있다. 하지만 빙판길을 운전해본 사람이라면 운전 교습 선생님의 가르침이 절대적으로 옳다는 걸 안다.

대화도 똑같다. 얼음판에선 **미끄러지는 방향으로 틀어라.**

상대: 글쎄요, 이 제품은 좀 비싼 것 같아요….
당신: 어떤 말씀인지 알겠습니다. 여기에 투자하기엔 금액이 꽤 크다고 느끼시는군요?
상대: 네, 맞아요.
당신: 충분히 고려할 만한 사항이네요. 한 가지 여쭤봐도

될까요? 이 가격이 합리적으로 느껴지려면, 어떤 결과가
보장되어야 한다고 생각하세요?

핸들을 상대가 가는 방향으로 돌리는 것, 즉 상대를 억
지로 반대편으로 끌고 가지 않는 것. 이게 핵심이다.

이는 상대가 제기한 이의 자체에 동의하라는 뜻이 아
니다. "충분히 고려할 만한 사항이네요"나 "어떤 말씀인
지 알겠습니다"는 "네, 맞아요. 이 제품은 **비싸요!**"라는 뜻
이 아니다.

상대의 주장에 동의할 필요는 없다. 중요한 건 주장의
옳고 그름을 따지는 게 아니라 **상대의 편에 서는 일**이다. 당
신은 맥거핀에 대한 신뢰가 있기에 밀어붙일 필요가 없
다. 이 태도는 상대에게(그리고 당신 자신에게도) 당신이 질
문을 두려워하지 않음을 보여준다. 처음엔 어색하고 낯설
수 있다. 영영 익숙해지지 못할 것 같다고 느낄 수도 있다.
하지만 자전거를 배울 때처럼 한번 몸에 익으면 절대 잊
히지 않는다.

이 원리는 세일즈뿐만 아니라 모든 관계에서 통한다.

배우자나 가장 친한 친구가 당신을 비판하는 듯한 말을 하면 본능은 '반대로 틀어!'라고 말한다. 방어하고 변명하고 거절한다. 그러면 어떻게 되는가?

배우자: 여보, 우리 애기 좀 하자. 요즘 당신이 일에 너무 빠져 있는 것 같아. 집에서 시간을 보낸 적이 별로 없잖아.

당신: 그게 무슨 말이야. 토요일 **오후 내내** 같이 보냈잖아. 그리고 요즘 회사에서 어떤 힘든 일들이 있는지 **당신도** 잘 알잖아. 그게 다 우리 미래를 위한 거라고….

또다시 쿵! 바닥으로 곤두박질이다. 자, 미끄러지는 방향으로 함께 틀어보자.

배우자: 여보, 우리 애기 좀 하자. 요즘 당신이 일에 너무 빠져 있는 것 같아. 집에서 시간을 보낸 적이 별로 없잖아.

당신: 요즘 내가 그랬어? 몰랐어….

배우자: 응, 최근에 더 그런 거 같아.

당신: 우리가 뭔가 다른 방식으로 해볼 수 있는 게 있을까?

무슨 일이 벌어졌는가? 당신은 상대와 같은 쪽에서 문제를 함께 바라보았다. 상대와 언제나 같은 편에 서는 것, 이것이 기버 마인드셋의 핵심이다. 세일즈는 상대와 **겨루는 일이 아니라 상대와 함께하는** 일이다.

이 장의 서두에서 말했듯, 세일즈맨이 흔히 거절이라고 부르는 순간이야말로 상대에게 가치를 더할 수 있는 가장 확실한 기회다.

어떻게 해야 할까? 간단하다. 상대의 의견이나 걱정을 존중하는 것이다. "좋은 질문이네요", "좋은 지적이에요"라고 말하고 그 문제를 함께 살펴볼 때, 상대는 자기 생각이 존중받고 있다고 느낀다. 다만, 조건이 하나 있다. 그런 말은 **진심일 때만** 통한다는 것이다. 그저 형식적으로 상대가 옳다고 말하는 것만으로는 아무 의미가 없다. 그 말을 진정성 있게 할 수 있는 유일한 방법은 당신이 **정말로 좋은 지적이라 느낄 때**뿐이다.

바로 여기서 이 과정의 아름다움이 드러난다. 당신이 상대의 의견에 꼭 동의하지 않더라도, 그건 여전히 '좋은 지적'이다. 그것이 '상대'의 관점이기 때문이다. 또 이 순간이야말로 실제로 판매가 이루어질 가능성이 높다.

그 변화는 당장 눈에 보이지 않을 수도 있다. 상대도 그 순간에는 알아차리지 못할 수도 있다. 실제 거래가 이루어지려면 그 뒤로도 오랜 대화나 여러 번의 만남이 필요할지도 모른다. 그러나 분명한 건 이것이다. 상대가 불안과 의심, 두려움과 망설임을 내보였을 때 당신이 그 감정을 존중하고 품어주는 순간, 관계는 더욱 단단해지고 판매라는 결실이 조금씩 모습을 드러내기 시작한다는 것이다.

몇 해 전, 밥이 라디오 광고를 팔던 시절의 일이다. 한 해충 방제 회사의 대표를 찾아갔는데, 그는 대화를 시작도 하기 전에 거칠게 거절의 뜻을 내비쳤다.

제 소개를 하자마자 그분은 바로 말을 잘랐어요. "미안한데, 우리는 광고 예산이 없어요."

제가 말했죠. "그렇군요, 이해합니다. 더 이상 시간 뺏지 않겠습니다. 대신에 하나만 여쭤봐도 될까요?" 그리고 그의 서비스가 어떻게 이루어지는지 물었어요. 진심으로 궁금했거든요. 온종일 벌레 박멸법을 연구하는 사람이라니, 그건 어떤 일일까? 그 일을 어떻게 해내는 걸까?

그는 자기 일에 대해 설명하기 시작했고, 들을수록 저는 점점 더 빠져들었습니다. 벌레의 생태, 식단, 번식 습성, 행동 패턴까지, 웬만한 곤충학과 교수들보다 더 잘 알고 있었거든요!

이야기를 나누다 보니, 그가 손주들을 끔찍이 아끼고, 많은 가정이 더 깨끗하고 안전해지도록 돕는 일에 열정을 쏟는 분이라는 것도 알게 되었습니다.

정말로 폐 끼치고 싶지 않았는데, 얘기가 하도 흥미로워서 쉽게 자리를 뜨지 못했습니다. 겨우 일어나 인사를 하려는데 그분이 갑자기 묻더군요. "그래서, 당신네 첫 구매 패키지는 얼마죠?"

조금 놀랐지만 가격을 알려드렸고, 그분은 그 자리에서 바로 계약했습니다.

밥은 그의 거절에 맞서거나 반박하지 않았고, 억지로 설득하거나 거래를 성사시키려는 '클로징' 시도도 하지 않았다. 그럴 필요가 없었다. 고객이 자신의 거절 이유를 넘어서 결국 스스로 '클로징' 했기 때문이다.

26장

협상의 출구를 열어둬라

"그러니까… 예를 들면 가정형 클로징, 보너스 클로징, 양보형 클로징,
주의 분산 클로징, 감정적 클로징, 미래 지향적 클로징, 골든게이트브릿지 클로징,
유머 클로징, IQ 클로징, 저지시티 클로징, 중요 조항 클로징,
레버리지 자산 클로징, '돈이 전부는 아니다' 식의 클로징, '다신 없을 기회' 클로징,
오너십 클로징, 애착 형성 클로징, 품질 클로징, 역전 클로징, '입석 외 만원' 클로징,
뺏어가기 클로징, 가성비 클로징, 허영적 클로징, '절호의 기회' 클로징,
자비에라 홀랜더 클로징, 자매애 클로징, 그리고 자자 가보르 클로징까지!
온갖 클로징 방법을 전부 섭렵했답니다."
—데브라 대븐포트

회의적인 누군가가 다시 등장해 이의를 제기한다.

"네네, 전부 다 그럴싸한 얘기들이긴 한데… 어쨌든 결국에는 고객에게 직접적으로 구매하겠느냐고 물어야 하는 순간이 오지 않나요? 판매가 저절로 일어나는 것도 아니잖아요!"

그 말에도 일리가 있다. 당신의 맥거핀에 대해 상대와 충분히 이야기를 나눴고, 이제 구매 결정을 내려야 할 때가 왔다. 아주 드문 경우지만, 상대가 이렇게 먼저 말할 때도 있다. "좋네요, 결정했어요. 지금 바로 살게요. 결제는 어떻게 해야 하죠? 카드? 현금?" 하지만 대부분의 경우에는 당신이 먼저 물어야 한다.

전통적인 세일즈에서는 바로 이 순간을 위해 온갖 접근법을 익히고, 여러 상황을 가정해 머릿속에서 끊임없이 시뮬레이션하라고 한다. 하지만 그렇게 준비한 것들은 결국 상대의 눈엔 세일즈 기법으로밖에 비치지 않는다. 상대는 당신이 지금 '끝내기 기술', 즉 클로징 단계에 들어갔다는 걸 바로 알아챈다. 그런 순간을 기분 좋게 느낄 사람은 없다.

문제는 **상대**의 기분만이 아니다. 당신의 감정도 마찬가지다. **클로징 기법**을 쓰는 순간, 대화의 초점은 상대를 위한 가치가 아니라 **나와 내 성과**에 맞춰진다. 사실 중요한 질문을 꺼내는 게 어색하고 불편하게 느껴지는 이유도 초점이 상대가 아닌 나 자신에게 맞춰져 있기 때문이다.

내가 지금 잘하고 있나? 자연스럽게 들리나? 그때 그 클로징 기법 멘트가 뭐였더라? 여기서 그걸 써야 하나, 아니면… 다른 걸 써야 하나? 상대가 거절하면 나는 어떤 기분이 들까? 내가 어떻게 보일까?

우리는 이 단계에서 괜히 쭈뼛거리게 된다. 마치 첫 데이트 신청을 하거나 댄스파티에 함께 가고 싶은 파트너에게 어떻게 말할지 연습하던 고등학생 시절로 돌아간 듯이 말이다. 하지만 이건 댄스파티도 아니고, 우린 더 이상 고등학생도 아니다.

초점이 상대에게 맞춰져 있다면, 질문은 자연스럽게 진정성에서 비롯된다. 이게 상대가 원하는 것인가? 이게 그들에게 정말 가치 있는 일인가? 가장 단순한 질문이 결국 가장 좋은 방법이다. 이렇게 말이다.

잭, 지금 구매 진행하시겠어요?

잭, 이 맥거핀을 하나 구매하시겠어요?

객이 '예'라고 하면 그걸로 끝이다. 그런데 망설이거나 확신이 없는 것 같다면? 전통적인 세일즈라면 여기서 클로징 기술의 강도를 높이려 할 것이다. 그런 방식은 **판매를 만들어내는** 데 초점이 맞춰져 있다. 하지만 우리의 목표는 언제나 **가치를 창출하는** 데 있다. 우리의 접근법은 상대를 몰아붙이는 게 아니라 그들을 포용하는 과정이어야 한다. 다시 말해, 끝내기(클로징)에 초점을 맞추기보다는 열어두기(오프닝)에 초점을 맞추는 것이다.

아무리 좋은 상황이라도 구매를 결정하는 단계에 이르면 상대는 어느 정도 압박을 느끼게 마련이다. 그 압박은 당신이 주는 것이 아니라 상대가 스스로 만들어내는 경우도 많다. 중요한 구매 결정에는 언제나 감정이 개입되기 때문에 최종 결정을 내려야 하는 상대로서는 감정적인 선택에 늘 따라오는 압박감을 느낄 수밖에 없다.

특히 선택의 여지가 없다고 느낄 때 압박은 더 심해진다. 그래서 사람들은 본능적으로 선택권을 행사할 방법을 찾으려 한다. 세일즈 과정에서 압박이 커질수록, 사람들은 '아니요'라고 말하게 해줄 탈출구나 핑계를 찾으려 한다. 어쨌거나 '아니요'는 '예'보다 훨씬 안전하게 느껴지기 때문이다. 그래서 대화는 다음과 같이 흘러간다.

압박 → 탈출 욕구 → 거절

거절 이후에는 커다란 안도감이 따른다. "아, 이제야 궁지에서 벗어났네." 누군가의 결정을 재촉할수록 오히려 '아니요'를 끌어낼 가능성이 커지는 이유도 여기에 있다. 설령 '예'를 얻더라도 상대에겐 압박 속에서 느꼈던 불쾌함 때문에 당신을 다른 이들에게 소개하지도 않을 것이고, 심지어 나중에 거래를 취소해버릴 수도 있다.

여기서 당신이 상대를 위해 할 수 있는 일은 두 가지다. 첫째, **압박하지 않는 것**. 절대로, 아주 조금이라도. 둘째, 상대가 거래에서 도망갈 구실을 찾고 있을지 모른다는 사실을 존중하여 오히려 **그 길을 마련해주는 것**이다. 그러니 결정의 순간이 오면 상대를 벼랑 끝으로 몰거나 옭아매려 하기보다 빠져나갈 수 있는 선택지를 열어주어라.

즉, 잠재 고객과의 거래 과정을 억지로 끝내려 하기보

다 대화를 더 넓은 가능성으로 여는 것이다.

이게 실제로 어떤 모습일지 감을 잡기 위해 세일즈 상황과 조금 다른 맥락의 사례를 살펴보자.

당신은 중요한 누군가에게 연락을 하고 싶은 상황이다. 회사의 의사 결정자일 수도 있고, 꼭 만나고 싶은 잠재 고객일 수도 있으며, 중요한 사람과 이어줄 연결고리일 수도 있다. 하지만 지금 당신이 닿을 수 있는 건 그 사람의 비서뿐이다.

상황을 조금 더 흥미롭게 만들기 위해 비서가 당신과 그 사람 사이를 절대로 연결해주지 않겠다고 마음을 굳혔다고 해보자.

당신은 이미 5분 넘게 통화하면서 목적이 무엇인지, 왜 그 요청이 합리적인지 차근차근 설명했다. 비서는 미동도 하지 않는다. 당신은 감정적으로 대응하지 않고 끝까지 정중함을 유지했다. 비서가 '어쨌든 상사와의 통화는 불가능하다'고 몇 번이나 거절해도 맞서 싸우지 않고 이전 장에서 배운 대로 '미끄러지는 방향으로' 대화의 흐름을 따라갔다. 이제 대화가 거의 끝나간다는 걸 느끼며,

당신은 마지막으로 최대한 부드럽고 호의적으로 다시 요청했다. 그리고 비서가 말을 꺼내기 전, 당신은 밥이 '네 마디의 핵심 표현'이라 부르는 말을 덧붙인다.

만약 힘드시더라도 충분히 이해합니다.

수화기 너머로 잠깐의 침묵이 흐른다. 말을 꺼내는 비서의 목소리 톤이 달라진다. "글쎄요… 음… 한번 알아보겠습니다."

무슨 일이 일어난 걸까? 상대를 궁지에 몰아넣어 체면을 지키려면 거절할 수밖에 없는 상황으로 내모는 대신, 당신은 그의 **체면을 지켜주었다.** 빠져나갈 문을 닫아버리는 게 아니라 대화의 문을 **열어둔** 것이다.

상대에게 도망갈 출구를 열어줄수록, 정작 그 출구를 써야 한다는 압박감은 줄어든다.

다시 잠재 고객의 구매 결정 순간으로 돌아가보자. 당신이 구매 의사를 묻자 잭이 주저한다. 감정적인 결정을 내려야 하는 순간의 압박감 때문이다. 이때 당신은 가능성을 열어준다. 이렇게 간단한 말 한마디로 충분하다.

잭, 이건 당신에게 맞을 수도 있고 아닐 수도 있어요.

전통적인 세일즈 교육을 받은 사람이라면 이렇게 말할지도 모른다. "아, 딱 보니 '뺏어가기 클로징' 기법이네. '음, 잭, 이 맥거핀은 당신에게 맞지 않을 수도 있겠네요'라고 말하면서 뒤로 슬쩍 빼는 제스처를 취하면, 상대가 오히려 더 갖고 싶어지는 심리가 생긴다는 거지…. 그럴듯하네!"

아니, 이건 뺏어가기 클로징이 **아니다**. 사실 이건 클로징이 아니라 '오프닝'이다. 잭에게 어떤 행동을 유도하려고 이런 말을 하는 게 아니라 그저 부담을 덜어주어 그가 편안한 마음으로 자신에게 가장 맞는 결정을 내릴 수 있도록 돕는 것이다. 그 선택이 우리 맥거핀을 사는 것이든 아니든, 또는 결정 자체를 미루는 것이든, 그건 전적으로 잭의 몫이다.

기억하라. 우리의 궁극적인 목표는 상대에게 가치를

더하는 것이다.

거절에 대응하는 방식과 마찬가지로, 이 접근법 역시 처음에는 다소 낯설고 역설적으로 느껴질 수 있다. 상대에게 빠져나갈 길을 열어주고, 세일즈 과정에서 통제권을 놓아버리는 것처럼 보이기 때문이다. 맞다. 그게 핵심이다. 잭을 그저 수동적인 고객이 아니라 거래 과정의 파트너로 대하는 것이다. 처음엔 어색할 수도 있지만 곧 익숙해질 것이다.

무엇보다 이 방식은 당신과 상대 모두에게 기분 좋은 경험이 된다. 이제 당신과 상대가 같은 편에 서 있기 때문이다. 이것은 곧 '미끄러지는 방향으로 핸들을 틀라'는 원칙을 실천하는 또 다른 방법이다.

27장

적게 말할 때 더 많이 전달된다

조는 가만히 멈춘 채 평소엔 늘 분주하던 사무실의 고요한 정적에 귀를 기울였다.
그는 자신이 무엇을 느끼고 있는지 곰곰이 생각했다.
그 정적은 마치 살아 있는 것 같았다. 움직이진 않지만 귀를 기울이고 있는 듯한…
이걸 어떻게 표현할 수 있을까? '수용하다'라는 표현이 가장 어울릴 듯했다.

전설적인 건축가이자 미래학자인 리처드 버크민스터 풀러Richard Buckminster Fuller는 20대에 큰 위기를 맞았다. 그는 파산했고, 어린 딸을 뇌수막염으로 잃었다. 인생이 완전히 무너졌다고 느낀 풀러는 미시간 호수의 물가에서 몸을 던지려 하다 잠시 멈추어 생각했다. 지금까지 인생이 엉망이었던 이유는 늘 다른 사람들이 말해준 것을 되풀이하며 살아왔기 때문임을 깨달았다.

그때 풀러는 결심했다. 자기 입에서 나오는 말이 정말로 **자기 자신에게서 비롯된 것**이라는 확신이 들기 전까지는 절대 입을 열지 않겠다고.

그 후 2년 동안 그는 한마디도 내뱉지 않았다. 마침내 풀러가 다시 입을 열었을 때, 그의 말은 이해하기 어려울 때도 있었지만, 그 속에 담긴 열정과 확신만큼은 누구나 분명히 느낄 수 있었다. 세월이 흐르면서 사람들은 그의 말 속에 위대한 천재성이 깃들어 있음을 깨달았다.

본질은 단순하다. 그는 침묵 속에서 자신의 진정한 자아를 발견한 것이다.

《더 기버 1》에서 조가 겪었던 결정적 전환점도 이와 같았다. 아내 수전의 말을 잠잠히 듣고 온전히 받아들이던 바로 그 순간, 조는 기버의 법칙을 이해하기 시작했다.

당신이 말을 하지 않을 때 비로소 가장 큰 가치와 진정성이 드러난다. 당신의 말이 중요하지 않다는 건 아니다. 단지, 진정한 힘은 말 자체에 있지 않다는 것이다.

경험이 부족한 세일즈맨들이 가장 흔히 저지르는 실수는 제품이나 서비스를 설명하면서 **말을 지나치게 많이 하**

는 것이다. 왜 그럴까? 아직 자신을 충분히 신뢰하지 못하기 때문이다. 진짜 확신은 많은 말 속이 아니라 오히려 적은 말 속에서 전해진다. 확신은 말 너머에 자리하고 있다.

미국의 권리장전은 660단어, 에이브러햄 링컨Abraham Lincoln의 게티즈버그연설은 267단어, 성경의 십계명은 163단어의 영어로 이뤄져 있다.

강력한 메시지를 전하는 데는 많은 말이 필요하지 않다. 적게 말할 때 더 많이 전달된다.

대화에서도 가장 심오한 순간은 말할 때가 아니라 잠시 멈추고 온전히 상대를 위한 공간을 만들어줄 때 찾아온다. 우리는 종종 침묵이 어색해질까 두려워 서둘러 그 공백을 메우려 하지만 그냥 두는 편이 낫다. 대화 속 침묵은 놀라운 방식으로 더 깊은 생각을 끌어 올린다.

잠재 고객과 나누는 대화 가운데 가장 중요한 말은 당신의 말이 아니라 상대의 말이다.

당신이 다른 이들에게 줄 수 있는 진짜 가치는 말에서 있지 않다. 그건 당신의 행동을 통해 전해지고, 결국에는 당신이라는 존재 자체에서 비롯된다.

5부

THE LAW OF

수용의 법칙

RECEPTIVITY

28장

언제든 받을 준비를 하라

"지금 이 순간, 전 세계 곳곳에서 인류는 산소를 들이마시고
이산화탄소를 내뿜고 있지. 다른 동물도 마찬가지야.
그리고 동시에, 지구 곳곳의 수십억, 수백억 개의 식물들은
그 반대로 이산화탄소를 들이마시고 산소를 내뿜고 있다네.
그들의 베풂이 곧 우리가 받는 것이고, 우리의 베풂이 곧 그들이 받는 것이지."
—핀다

《더 기버 1》을 읽은 한 독자가 우리에게 말했다.

"처음 네 가지 법칙은 매끈하게 다듬은 나무처럼 술술 이해가 되고 수긍이 갔어요. 그런데 다섯 번째 수용의 법칙은 꼭 손에 가시가 박히는 듯 불편하고 받아들이기 어려웠습니다."

많은 독자들이 우리의 다섯 가지 법칙 가운데 마지막 '수용의 법칙'이 가장 수긍하기도 어렵고 실제 행동으로

옮기기도 어려웠다고 털어놓았다. 중요한 게 한 가지 있다. 앞의 네 가지 법칙이 세일즈 자체보다 '주기'에 관한 것이었다면, 다섯 번째 법칙이야말로 세일즈의 본질에 관한 것이다. 바로 '받기'에 관한 내용이다.

'받기'란 말처럼 쉽지는 않다. 최근 누군가에게 칭찬을 들었을 때를 떠올려보라. 당신은 칭찬을 어떻게 받아들였는가?

4장에서 우리는 사회에 깊게 자리 잡은 위험한 이분법에 관해 이야기했다. 누군가에게 관대한 동시에 자기 이익을 챙길 수는 없다는 믿음 말이다. 다시 말해, 자기 이익과 이타심은 본질적으로 양립할 수 없는 모순적인 관계라는 생각이다. 이에 관해 니콜은 이렇게 얘기했다.

저는 세상에 두 부류의 사람이 있다고 배우면서 자랐어요. **부자가 되는** 사람과 **선행을 하는** 사람. 그리고 둘 중 하나만 될 수 있지, 둘 다 될 수는 없다고 믿었어요.

《더 기버 1》이 출간된 후 얼마 지나지 않아 올라온 한

서평은 이 믿음이 오늘날까지도 얼마나 뿌리 깊게 박혀 있는지를 생생하게 보여준다. 한 독서 평론가는 책의 핵심 메시지를 이렇게 요약했다.

핀다를 통해 조는 성공한 사업가들을 여럿 만나고 그들의 비밀을 배운다. 바로, 주는 것이 받는 것보다 낫다는 것이다.

하지만 책 속에 실린 핀다의 실제 대사를 떠올려보라.

주는 것이 받는 것보다 더 낫다는 말은 옳지 않아. 주면서 받지 않으려 한다는 건 말도 안 되는 소리거든.

주는 건 선善이고, 받는 건 비록 악惡은 아니더라도 **덜 바람직하다**는 확신이 우리 사회에 너무나 깊숙이 박혀 있는 탓에 지적이고 교양 있는 전문 평론가조차 책의 문장을 정반대의 메시지로 받아들였던 것이다.

의식하든 의식하지 못하든, 우리 안에는 받는 것이 어쩐지 불편하게 느껴지고 심지어 적극적으로 거부하려고 하는 마음이 있다. 그리고 이런 보이지 않는 자기 방해는 세일즈에서 가장 큰 손실을 불러온다.

만약 당신이 칭찬을 적절하게 받아들이지 못하고, 도움이 필요할 때 가까운 이들에게 부탁하기를 주저하고, 누군가가 당신에게 좋은 것을 베풀 때 받는 것에 어색해하거나 죄책감이 들거나 자격이 없다고 느끼는 사람이라면, 막상 판매 대금을 '받아야 하는' 순간에 당신 내면에서 그것을 사양하려는 마음이 드는 게 당연할 수 있다.

당신이 판매의 순간을 자연스럽게 받아들일 마음가짐이 되어 있지 않다면, 그 불편함은 세일즈 과정 전체로 스며든다. 이를 각종 세일즈 공식과 기법으로 덮으려 해도, 당신도 상대도 그 아래에 깔린 미묘한 불안감을 감지하게 된다. 그러면 상대와의 관계가 어색해지고 앞으로의 만남도 냉랭할 것이고, 최악의 경우엔 그 불편함이 거래 자체를 무산시킬 수도 있다.

결국 조가 깨달았듯이 "받지 않으려 하면 타인의 선물을 거부하는 셈이고, 결과적으로 흐름을 막아버리는 것"이다.

그 흐름이야말로 당신의 비즈니스가 존재하는 이유다. 이 흐름이 세일즈의 진짜 목적이자 목표다. 생물학의 세계에서 이 흐름이 산소와 이산화탄소의 교환으로 나타나고, 세일즈의 세계에서는 제품과 서비스, 가치와 돈의 교환으로 드러난다. 모습은 다르지만 본질은 같다. 그것은 숨쉬기이며 '삶'이다.

2009년 봄, 미국 시카고의 소셜미디어 마케팅 기업을 이끄는 길버트 멜럿Gilbert Melott, 게이브 스트롬Gabe Strom, 브라이언 톰킨스Brian Tomkins, 브래들리 윌Bradley Will이《더 기버 1》의 메시지를 세상에 직접 전하려는 마음으로 길을 나섰다. 이들은 시카고에서 올랜도까지 1500킬로미터가 넘는 먼 길을 달려 밥이 주최하는 행사에 참석하기로 했다.

그들은 이 여정을 '기버 투어'라 이름 붙이고, 여정 도중에 주요 도시의 대학 캠퍼스에 들러 트위터 사용자들의 오프라인 모임 '트윗업Tweetup'에도 참여할 예정이었다. 길버트는 이렇게 말했다.

우리의 목표는《더 기버 1》의 메시지를 젊은 창업가들에게 널리 전하고, 그들이 기버 철학을 실천해 더 큰 성공을 이루도록 도전 의식을 심어주는 것이었습니다.

그들은 젊은 기업가들과 여정을 함께하면서 코칭과 멘토링을 해주고, 여러 실전 상황을 직접 경험하게 해줄 계획이었다. 이들은 여정을 소개하는 영상을 만들어 공개하고, '기버 실천 영상'을 응모받아 가장 인상적인 영상을 보낸 사람들에게 자신들의 차에 함께 탈 자리를 상으로 주겠다고 발표했다.

하지만 이 계획에는 한 가지 큰 과제가 있었다. 바로, 돈이었다.

여행에 제법 큰 예산이 들 거라는 걸 알고 있었습니다. 가능한 한 많은 이들을 참여시키고 싶었어요. 기버의 법칙이 젊은 리더들의 성공에 반드시 필요한 원칙이라 믿었기 때문이죠. 문제는 참여자가 늘고 일정이 길어질수록 비용도 눈덩이처럼 불어난다는 점이었습니다.

모금 계획은 뚜렷하지 않았지만 일단 강행하기로 한 이들은 소셜미디어를 통해 자신들의 계획을 알렸다. 곧 문의와 응원, 질문이 쏟아졌는데, 가장 흔한 메시지는 "어떻게 도울 수 있을까요?"였다.

사람들은 기꺼이 시간, 에너지, 돈을 지원해주려 했습니다. 사실 처음엔 그런 도움, 특히 금전적 도움을 받는 일이 불편하게 느껴졌습니다. 그래서 '수용의 법칙'을 다시 읽고 마음에 새기기로 했죠.

어떤 이들은 숙박비를, 어떤 이들은 유류비와 통행료를 보탰다. 영상 편집자와 웹 디자이너 들은 시간과 재능을 기부해주었고, 한 인쇄 회사는 '당신은 기버인가, 아니면 테이커인가?'라는 문구를 담은 자석을 선물했으며, 또 다른 업체는 '마음을 열고 베풀자!'라는 문구가 적힌 티셔츠를 제작해주었다. 중간에 티셔츠 후원사의 지원이 끝나면 다른 회사가 곧이어 그 자리를 대신했다.

가장 놀라운 일은 차량과 관련된 것이었습니다. 1500킬로미터의 긴 여정에 꽤 많은 사람이 함께할 예정이었지만, 우리 중 누구도 밴이나 버스가 없었고, 여행 기간에 차량을 빌릴 예산도 없었어요.

그런데 느닷없이 포드 자동차Ford Motor Company에서 연락이 왔다.

놀랍게도 포드가 우리의 활동을 알고는 도움을 주고 싶다고 했어요! 포드는 평소에도 소셜미디어 그룹과 연계해 기자들에게 차량을 제공하고 있었는데, 이번에는 그 '기자'의 범위를 조금 넓혀보기로 했다고 하더군요. 그렇게 해서 우리는 전국을 달리며 책의 메시지를 전할 수 있도록 2009년형 포드 차량 두 대를 지원받았습니다.

포드는 아무런 대가를 요구하지 않았다. 네 사람의 여정을 응원하고 나선 수많은 이들 또한 마찬가지였다. 모두 그저 아낌없이 주었다. 어쩌면 그렇게 하지 않고는 견

딜 수 없었을 것이다. 네 명의 젊은 기업가들이 이미 **받을** 준비가 되어 있었기 때문이다.

핵심은 이렇다. 우리는 주는 것과 받는 것, 이타심과 자기 이익을 서로 대립하는 개념으로 배워왔다. 하나는 고결하고, 다른 하나는 이기적이라고 말이다. 하지만 진정으로 성공한 사람들은 그렇게 생각하지도, 그렇게 살아가지도 않는다.

그들은 '베풀며 사는 삶'을, 성공을 이뤄낸 뒤에야 비로소 할 수 있는 일이 아니라 성공을 **만들어가는** 본질적인 과정으로 본다. '받는 것' 역시 그 베풂의 일부로 여긴다. 그들은 기꺼이 받고, 그 과정에서 행복을 느낀다. 그리고 그 행복을 다시 세상에 돌려준다. 관계의 자연스러운 흐름을 멈추지 않고, 그 흐름 속에 자신을 맡긴다.

진정한 성공을 원한다면, 우리는 '받는 것'에 열려 있어야 한다.

이런 태도를 기르는 한 가지 방법은 **감사를 연습하는** 것이다. 모든 종교와 사상들은 **감사의 태도**, 즉 항상 의식적으로 감사에 깨어 있는 마음가짐을 강조한다. 어릴 적 자주 듣는 말이 이를 잘 표현한다. "받은 축복을 세어보라."

세계 각지의 갖가지 기도는 대개 두 가지 결로 나뉜다. 무언가를 청하는 **간구의 기도**, 그리고 이미 가진 것과 앞으로 받게 될 것에 대해 마음 깊이 감사하는 **감사 기도**다. '수용의 법칙'과 직접적으로 연관되는 두 번째 기도는 특히 강력하다.

분주한 하루 끝에 조용히 앉아, 받은 축복을 생각하고 마음을 다해 감사하는 일. 이것이 바로 자발적 수용이다.

감사는 우리가 삶 속에서 "올바른 방향을 향하도록" 돕는다. 지금 이 순간 당신의 삶에 스며든 수많은 축복에 대한 감사로 모든 행동을 감싸보라. 그러면 당신은 흐름을 막는 대신, 그 흐름을 한층 더 풍요롭게 하는 삶을 살게 된다.

사실 우리는 매일, 온종일 셀 수 없는 선물들을 받고 살아간다. 진정한 기버는 **오직** 주는 것에만 관심을 두지 않는다. 오히려 자신이 받고 있는 선물들을 깊이 자각하고, 그 사실에서 진심으로 **기쁨**을 느낀다. 그래서 그들은 계속해서 더 많은 것을 받을 수 있다.

밥이 그의 경리 직원 트리나Trina 사이에서 겪은 한 일화가 있다. 어느 날, 사무실에서 밥은 트리나의 펜에 눈길이 갔다.

딱히 화려하거나 비싼 펜은 아니었지만 디자인이 마음에 들었습니다. 어디서 샀느냐고 물었더니 트리나가 말하더군요. "아, 이거요? 가지세요. 이런 거 많아요."

제가 말했습니다. "당신 펜인데 받을 순 없어요."

"왜요?"

"당신 거잖아요."

그랬더니 트리나가 다시 받아치더군요. "그래서 드린다고 하는 건데요?"

"아니요. 받으면 맘이 편치 않을 것 같아요."

그러자 트리나는 눈을 가늘게 뜨고 저를 똑바로 바라보며 이렇게 말했습니다.

"밥, 이건 그냥 두 단계만 거치면 되는 간단한 일이에요. 하나, 펜을 받는다. 둘, 고맙다고 말한다."

감사하기는 잊기도 쉽지만, 한번 익숙해지면 그만큼 쉽게 실천할 수 있다.

때로는 그저 펜을 받아 들고 "고맙습니다"라고 말하면 된다.

29장

선물은 뜻밖의 순간에 찾아온다

**전화벨이 울렸다. 조는 몸을 돌려 수화기 쪽을 바라보다가
벽시계를 힐끗 봤다. 저녁 6시 15분에 전화라니? 그것도 금요일에?**

베풂의 흥미로운 점은, 그 대가가 돌아온다는 사실뿐
아니라 전혀 예상치 못한 방식으로 돌아온다는 것이다.
관대함으로 살아갈 때, 축복은 당신이 미처 상상하지 못
한 장소와 방향에서 찾아온다.

우리가 인식하는 세상이 있다. 우리가 보고 주의를 기
울이고 논리적으로 이해하는 사람들, 사건들, 상황들이
그 세상을 이룬다. 하지만 그 너머에는 훨씬 방대한 또 다

른 영역이 있다. 야구로 치면 '좌측 외야'라 불리는, 우리가 거의 주목하지 않고 알아채지 못하는 99.9퍼센트의 세계다. 그곳은 우리가 인과관계로 설명할 수 없는 사건과 가능성이 존재하는 영역이다. 이 미지의 공간, 알려지지 않은 이 영역이야말로 진정한 풍요의 원천이다. 우리는 미지의 세계에서 비롯되는 풍요의 작동 방식을 완전히 예측할 수는 없지만 그 흐름에 닿을 수는 있다.

어떻게? 베풂을 통해서다.

주고받는 관대함 속에서 살아갈 때, 우리가 보지도, 알아차리지도 못했던 그곳에서 온갖 가치가 소나기처럼 쏟아진다. 결정적인 잠재 고객을 찾거나 뜻밖의 중요한 연결을 맺게 된다. 황금 같은 기회가 느닷없이 우리에게 찾아온다. 그건 우리가 기대하고 바라던 사람이나 장소에서 오는 것이 아니라 전혀 예기치 못한 '좌측 외야'에서 다가온다.

가장 큰 선물은 가장 뜻밖의 순간, 가장 뜻밖의 장소에서 찾아온다.

당신이 관대하게 베풀며 살면서 타인에게 가치를 더하는 데 집중하면 놀라운 일이 일어난다. 엄청난 가치가 갑자기 뜻밖의 방식으로, 심지어 당신이 받아야 한다고 여겼던 몫을 훌쩍 넘어서는 크기로 돌아온다.

이것이 《더 기버 1》의 말미에 조에게 일어나는 일이다. 조의 이야기는 허구이지만, 그에게 일어난 일은 절대 허구가 아니다. 현실에서도 우리는 그런 순간들을 수없이 목격해왔다.

사실 이건 전혀 신비로운 일이 아니다. 뜻밖의 선물이 어디서 올지 알 수 없는 이유는 단순하다. 당신의 영향력이 어디까지 닿았는지를 정확히 알 수 없기 때문이다. 하지만 분명한 건, 그 영향력이 이미 세상 곳곳에 퍼져 있다는 사실이다. 이제껏 당신은 수많은 선의의 씨앗을 뿌려왔다. 많은 사람들이 당신을 알고 좋아하고 신뢰하며 진심으로 당신의 성공을 바라고 있다. 그래서 세상은 이제 당신의 성공을 품어주는 따뜻한 터전이 되었다. 그 흐름은 눈에 보이지 않지만, 분명한 인과관계가 존재한다. 원인은 '주는 것'이고, 결과는 '받는 것'이다.

미국 펜실베이니아 그린즈버그에서 마케팅 컨설턴트로 일하는 댄 갤브레이스Dan Galbraith는 2009년 봄에 밥의 강연을 듣고 자기 사업을 바라보는 관점에 큰 변화가 생겼다고 전해왔다.

이제는 제 고객과 동료들을 바라보는 관점 자체가 달라졌습니다. 놀라운 건, 그런 변화가 자연스럽게 예상치 못한 호응과 보답으로 돌아왔다는 점입니다. 요즘 저는 그야말로 일에 파묻혀 지내고 있어요! 단순한 우연인지는 모르겠지만 《더 기버 1》의 다섯 가지 법칙들을 실천하기 시작한 이후로 일이 끊임없이 밀려들고 있습니다.

이런 뜻밖의 보상은 언제나 **우연처럼 보이지만** 결코 우연이 아니다. 마치 '아무 데서나' 불쑥 생겨나는 것처럼 보이지만, 사실은 세상의 **모든 곳에서** 온다고 하는 편이 더 정확하다. 우리가 아는 세계는 광대한 우주의 0.1퍼센트 남짓일 뿐이다. 우리가 인식하든 인식하지 못하든, 이 선물들은 언제나 우리를 다정하게 품고 있는 우주 전체에서 오는 것이다.

25년간 고강도의 업무 환경에서 일한 조 비지Joe Vizi는 어려운 결단을 내려 회사를 떠났다. 지금은 아내 르네 비지Renee Vizi와 함께 미국 조지아주 콘코드에서 카펫 청소 업체 에코스크럽Eco-Scrub을 운영하고 있다.

6개월 전쯤, 어느 노부부의 카펫을 청소하러 갔습니다. 우리 집에서 차로 45분쯤 떨어진, 침실 두 개짜리의 작은 실버타운 아파트였죠. 집에 들어서자마자 도움의 손길이 얼마나 절실한지 바로 알 수 있었어요. 할머니는 허리가 거의 직각으로 굽었고, 할아버지는 시각장애 판정을 받은 분이었어요.

우리는 그 집에서 세 시간 넘게 있었어요. 실제로 카펫 청소보다 집 전체를 정리하는 데 훨씬 더 많은 시간이 걸렸죠. 그러다가 벽에 걸리지 않은 채 포개져 있는 액자 사진 한 뭉치를 발견했습니다.

2주 후에 조와 르네는 노부부를 다시 찾았다.

우리가 찾아오자 두 분은 무척 놀라셨습니다. 사진을 걸어 드리러 왔다고 말씀드렸더니 할머니는 눈물을 터뜨리셨어 요. 이렇게 일부러 와서 도와주는 사람이 있다니 믿을 수 가 없다면서요.

낼 돈이 없다고 하시길래 대가를 바란 일이 아니라고 서둘러 말씀드렸어요. 그랬더니 이렇게 말씀하시더군요. "돈을 낼 형편은 안 되지만 당신들을 위해 기도할게요. 정 말로요."

저는 독실한 신앙인은 아니지만, 베푸는 대로 받게 된 다는 사실은 믿습니다.

그로부터 다시 2주쯤 지나 지역 상공회의소 연례 만찬 에 참석했는데, 정말 뜻밖에도 그 자리에서 우리 회사가 지역의 '올해의 중소기업상'을 받게 되었어요! 고객들의 얘기로 어림잡아보자면, 상을 받은 이후 지난 6개월 동안 새로 들어온 일거리의 약 35퍼센트가 그 수상 덕분이었습 니다. 가치로 따지면 수천 달러나 되죠.

신의 은총, 업보… 어떤 이름으로 부르든 상관없지만, 분명한 건 남을 돕는 일은 그들만을 위한 것이 아니라 결국 나 자신을 위한 일이기도 하다는 걸 깨달았습니다. 그리고 매일 밤 평온한 마음으로 잠들 수 있다는 건 그 무엇보다 값진 축복이죠.

이디시어 속담에 이런 멋진 말이 있다. "사람이 계획하면 신은 웃는다."

목표를 세우는 일은 강력한 힘을 갖지만 때로는 과대평가된다. 우리가 세운 목표는 언제나 이야기의 한 조각에 불과하다. 목표를 갖는 건 중요하지만 꼭 기억할 것이 있다. 아무리 큰 목표를 세운다 해도 우주는 (신이든, 자연의 법칙이든, 삶 그 자체든) 그보다 훨씬 큰 계획을 품고 있다. 그리고 우주는 우리보다 훨씬 더 현명하다. 우리 모두의 지혜를 합친 것보다도 말이다.

세상과 주변 사람들에게 가치를 더하는 일에 집중하라. 그러면 놀라운 기회들이 예상하지 못한 순간과 예상하지 못한 방향에서 당신을 찾아올 것이다.

30장

위기에서 기회를 찾아라

"거스, 솔직히 말해서 저는 이미 마음을 활짝 열고 받을 준비가 되어 있었어요.
정말이라고요!" 조는 한숨을 내쉬며 의자에 몸을 기대었다.
"적어도 저는 그렇게 생각했어요. 그런데 정작 제가 받은 거라곤
손해뿐인 것 같네요."

예상치 못한 곳에서 우리를 찾아오는 위대한 선물들은 결코 깔끔한 포장지에 싸여 오지 않는다. 우편함에 배달된 상품권이나 차고에 세워진 새 차처럼 알아보기 쉬운 모습으로 오지 않고, 오히려 위기라는 외투를 걸치고 우리 앞에 모습을 드러내곤 한다.

가장 까다로운 질문을 던지고 가장 단호하게 거절하던 사람이 결국엔 당신의 가장 중요한 고객이 된다. 이메

일에 한 번도 답하지 않고 제품도 사지 않았던 사람이 평생 고객이 될 만한 사람을 소개해주기도 한다. 심지어 해고로 직장을 잃게 된 것이 오히려 더 만족스럽고 보람 있고 수입도 더 좋은 새로운 일로 이어지기도 한다.

한자로 '위기危機'는 위험과 기회가 합쳐진 것이다. 이처럼 위기를 두 가지의 갈림길로 보는 인식은 동양에만 있는 게 아니다. 위기를 뜻하는 영어 'crisis'는 그리스어 'krisis'에서 나왔는데, 이는 '선택'을 의미한다.

대공황 시절, 거리의 행상에서 기업가로 변신한 헨리 J. 카이저Henry J. Kaiser는 수만 명에게 일자리를 제공하는 회사를 일궈냈다. 그는 직원들을 언제나 공정하게 대했고, 그 덕분에 당시로는 보기 드물게 노동조합의 존경과 신뢰를 얻었다. 흥미로운 건, 카이저 인생의 눈부신 업적들이 대부분 실패와 사업의 좌절, 그리고 '재난'이라 불릴 만한 여러 위기 상황 속에서 피어올랐다는 점이다. 임종을 앞두고 그는 평생 자신을 지탱해온 한 문장을 되뇌었다.

문젯거리란, 단지 작업복을 입은 기회일 뿐이다.

관대함으로 살아가는 당신에게 세상은 반짝이는 행운의 순간들을 가져다줄 것이다. 그러나 그것들은 온통 기름때로 얼룩진 작업복 차림으로 찾아올 때가 많다.

우리가 종종 엄청난 기회를 놓치는 이유도 바로 여기에 있다. 직감의 속삭임을 무시하고, 작업복 속에 숨은 기회의 얼굴을 알아보지 못하기 때문이다. 계획을 세우는 것은 중요하지만, 미리 그려둔 청사진 속 좁은 길에만 집착하면, 다음 모퉁이 너머에 나타나는 더 넓은 길들을 놓치고 만다.

수용은 새로운 아이디어와 배움에 열려 있다는 뜻이기도 한데, 이는 용기가 필요한 일이다. 자신의 계획과 목표라는 명확한 지도를 벗어나, 미지의 영역, 즉 예기치 않은 곳으로 발을 내딛는 용기 말이다.

수용은 아주 섬세한 것이다. 마음을 연다는 것은 곧 자신을 드러내는 일이기 때문이다. '예'를 받아들일 준비가 되어 있다는 건, 동시에 '아니요' 또한 감수할 준비가 되어 있어야 함을 의미한다. 예상치 못한 길을 선택할 용기를 낸다는 것은, 그 길이 어쩌면 (때로는 **확실히**) 아무 곳에도 닿지 않거나 좋지 않은 곳으로 이어질 수도 있다는 위험까지 품는 일이다.

어쩌면 수용의 태도의 가장 어려운 점은 이렇게 자신이 상처받을 수도 있는 취약함을 기꺼이 허락하는 일일 것이다.

세상은 크고 버거운 곳이다. 때로는 외롭고 위압적이며 잔혹하고 이해하기 어려운 곳이기도 하다. 연약한 인간인 우리는 쉽게 지치고 상처받고 냉소적으로 변하기도 한다. 가슴 아픈 일들은 분명 일어난다. 죽음과 배신, 상실과 실패, 상처와 실망들. 이 모든 괴로움은 실재한다. 분명 당신도 겪어본 적 있을 것이다. 우리가 말하려는 건 그런 고통스러운 경험을 부정하고 억지로 '괜찮은 척'하라는 것이 아니라 오히려 그것들을 끌어안으라는 것이다.

그런 상실과 실패 속에는 깊은 의미가 숨어 있다. 그 경험들이 지금의 당신을 빚어냈고, 더 깊은 공감과 연민, 이해를 선물했다. 중요한 건 그 경험을 품는 일이다. 그것들이 세상에 대한 믿음을 흔들게 두지 말고, 오히려 그 믿음을 더 단단하게 붙잡아야 한다. 그렇다, 그런 일들은 일어났다. 그럼에도 당신은 여전히 이 자리에 있다. 그리고 그 모든 것을 통해 더 깊고 단단한 사람이 되었다.

역경은 우리를 바꾼다. 하지만 **어떻게** 바뀔지는 선택의 문제다. 집과 가족, 재산, 심지어 일말의 희망까지 잃었다고 상상해보라. 어떤 사람은 그런 경험을 통해 성장과 지혜, 깊이 있는 성찰을 얻지만, 어떤 이들은 무너지거나 세상에 대한 원망에 사로잡히기도 한다.

어거스틴Augustine이라는 젊은이가 있었다. 그의 어머니는 아들을 믿었다. 어머니는 늘 이렇게 말했다. "언젠가 너는 작가가 될 거야. 그냥 작가가 아니라 **위대한** 작가."

행복했던 소년의 삶은 고등학교 졸업 후 6주 뒤, 점심을 준비하던 어머니가 부엌에서 갑자기 쓰러져 세상을 떠나면서 산산이 깨졌다.

어거스틴은 군에 입대해 전쟁에 나갔다. 전역 후 보험 판매를 시작했지만 일은 잘 풀리지 않았다. 빚더미에 오른 채 술에 빠진 그의 곁을 아내와 딸마저 떠나버렸다. 어거스틴은 거리를 방황하며 노숙자로 전락했다. 11월의 어느 추운 날, 그는 전당포 창가에 걸린 권총 한 자루를 바라보았다. 가격은 29달러였고, 그의 주머니에는 30달러가 있었다. "그래, 이게 모든 문제의 답이야." 그는 절망 속에서 중얼거렸다. "저 총을 사서 머리에 대고 방아쇠를 당기면, 더는 비참한 실패자를 거울에서 마주하지 않아도 되겠지."

갈림길이었다.

결국 그는 총을 사지 않았다. 대신 몸을 녹이려 근처 도서관으로 들어갔고… 거기서 책을 읽기 시작했다. 읽고 또 읽었다.

얼마 지나지 않아 그는 보험 회사에 다시 취직했다. 자기 신세를 비참하게 바라보던 시선을 거두자 놀랍게도 성공의 길이 열리기 시작했다. 그때부터 그는 글을 쓰기 시작했다. 몇 년 뒤, 그가 펴낸 작은 책은 시대를 대표하는 베스트셀러가 되어 어머니의 예언을 실현했다. 바로 《위대한 상인의 비밀》이었다. 저자는 바로 어거스틴 오그 만디노Augustine Og Mandino다.

그날 전당포 앞 창가에서 어거스틴은 인생의 갈림길에 서 있었다. 그의 선택은 이후 5000만 부 이상 팔린 책 집필로 이어졌고 수백만 명의 삶을 바꾸었다.

우리가 모두 오그 만디노처럼 극적인 시련을 겪는 건 아니지만, 누구나 자신의 꿈을 향해 가는 길에서 크고 작은 고통과 어려움을 마주한다. 우리가 맞닥뜨린 작업복은 때론 정말 기름때에 찌들어 있을지도 모른다. 그러나 그 속에 숨은 기회를 꿰뚫어볼 수 있을지는 전적으로 우리 자신에게 달려 있다.

명작으로 손꼽히는 영화 〈쇼생크 탈출〉에서 앤디 듀프레인은 이렇게 말한다. "결국 간단한 선택의 문제로 귀결되지. 살기 바쁘거나, 죽기 바쁘거나."

위험은 기회이자 선택이다.

31장

먼저 신뢰를 주는 사람

성공은 당신이 세상에 펼치는 영향력의 그물망 속에서 자라난다. 그리고 그물의 실은 신뢰로 엮여 있다. 그렇다면 사람들의 신뢰는 어떻게 얻을 수 있을까? 답은 간단하다. 먼저 타인을 신뢰하는 사람이 되는 것이다.

서두에서 언급했듯, 기버의 세일즈 방식과 전통적 세일즈 방식의 가장 큰 차이는 '통제력'에 있다. 세일즈는 당신이 완벽하게 통제할 수 있는 과정이 아니다. 그 과정에

필연적으로 타인이 개입되어 있기 때문이다. 당신은 스스로를 통제할 수는 있지만, 상대는 통제할 수 없다.

세일즈에서 경제적 성공을 거두는 유일한 방법은 다른 사람들이 당신의 상품과 서비스를 구매하는 것이다. 하지만 그들이 그렇게 할지 아닐지는 당신의 통제 범위 밖에 있는 일이다.

즉, 세일즈란 곧 당신의 생계 혹은 삶을 다른 사람들의 손에 맡기는 과정이라 할 수 있다. 달리 말하면, '타인에 대한 신뢰 전문가'가 되는 일이다.

많은 세일즈맨들이 이 사실을 제대로 이해하지 못한다. 수많은 증거가 있음에도, 여전히 자신이 세일즈의 과정과 결과를 통제할 수 있다고 믿는다. 충분히 공부하고 열심히 연습하면, 유리한 결과를 만들어내는 기술을 터득할 수 있다고 생각하는 것이다.

하지만 사실은 그렇지 않다. 아무리 능숙하고, 아무리 연습을 거듭했고, 아무리 숙달했다고 해도, 변하지 않는 진실이 있다. 바로, **사람은 결국 자기가 하고 싶은 대로 한다는** 사실이다. 우리가 할 수 있는 건 그들을 진심으로 섬기고,

가치를 더할 방법을 찾으며, 무엇보다도 그들을 신뢰하는 것이다.

그러면 놀라운 일이 일어난다. **다른 사람들이 당신을 신뢰하기 시작한다.**

이런 질문이 나올 수 있다. "그럼 아무나 신뢰하라는 말인가요? 냉소적으로 굴려는 건 아닌데, 너무 순진한 발상 아닌가요? 세상엔 믿지 못할 사람도 있잖아요!"

신뢰하며 산다는 건 순진하게 산다는 뜻이 아니다. 두 눈을 크게 뜨고 현실을 직시하는 일은 여전히 중요하다. 세상에는 당신을 이용하려 하거나 양심이 없거나 당신의 성공을 방해하려는 사람들도 있다.

하지만 '건강한 면역 체계'를 가지고 당신의 초점을 항상 '주는 것'에 두면, 그런 사람들을 끌어당길 가능성은 훨씬 줄어든다. 조가 말했듯 "병이 사방에 퍼져 있어도 건강하면 감염되지 않는다." 물론, 그렇다고 해서 그런 사람들과 상황이 완전히 사라지지는 않는다.

하지만 당신이 계속해서 타인에게 가치를 제공하는 데 집중하고 신뢰하는 태도로 살아가는 연습을 하다 보면 또 하나 놀라운 일이 벌어진다. 점점 사람을 보는 안목이 좋아지는 것이다. 믿기 힘들겠지만 사실이다. 신뢰하며 사는 일은 순진함의 반대다. 더 둔감해지는 게 아니라 세상을 더 예민하고 **통찰력** 있게 바라보게 된다.

왜 그럴까? 당신이 수용의 법칙을 실천하고 있기 때문이다. 수용한다는 건 마음을 연다는 뜻이고, 열린 마음은 세상을 있는 그대로 보게 한다. 우리가 바라거나 두려워하는 대로가 아닌, 그저 있는 그대로 말이다.

신뢰하는 사람이라 해서 순진한 사람이 아닌 것처럼, 받는 것에 열려 있는 사람도 결코 수동적인 사람이 아니다. '주는 사람'이면서 동시에 '잘 받는 사람'이 될 수 있다.

'기버go-giver', 즉 베푸는 사람과 반대되는 사람은 바로 세상이 **자신을 위해** 존재한다고 믿는 사람이다. 세상이 자기에게 큰 빚이라도 진 듯한 태도로 살아가는 '받기만 하는 사람'이다. 이들의 공통점은 그 누구에게도 어떤 것에도 신뢰를 품지 못한다는 점이다.

반면에 잘 받는 사람, 즉 '게터go-getter'는 상황이 나아지기만을 기다리지 않고 주도적으로 움직인다. 그들은 스스로 길을 만들어간다. 사실 진정한 기버는 진정한 게터이기도 하다.

최근에 한 독자가 《더 기버 1》을 읽은 뒤 우리에게 편지를 보내왔다. 그는 그동안 아들들과 자신의 생계를 위해 열심히 일해왔지만 형편이 좀처럼 나아지지 않았다고 했다. 그는 이제 "베풂을 통해서 생계를 이어가고 싶다"라면서 새로운 아이디어를 고민 중이라고 했다. 그는 이렇게 물었다.

수입을 만들어가기 위해 구체적인 사업 계획을 먼저 세워야 할까요? 아니면 '주는 것'부터 시작하고, 언젠가 그 행동이 돈으로 돌아올 거라는 믿음으로 뛰어들면 될까요?

우리의 대답은 "계획을 세우세요!"였다. 믿음과 현실적인 계획은 결코 서로 모순되지 않는다. 에르네스토와 니콜 역시 아주 구체적인 비즈니스 모델로 시작했다. 에르네스토는 핫도그를 팔았고, 니콜은 소프트웨어를 만들어 판매했다. 샘은 보험을, 데브라는 집을, 클레어는 그래픽 디자인과 광고 서비스를 팔았다. 또 이 책에서 소개한 인물들도 그렇게 출발했다.

'받기'는 저절로 굴러 들어오지 않는다. 그건 당신과 세상이 함께 만드는 협력의 과정이다. 서로가 맡은 몫이 있다. 신뢰하며 산다는 건, 계획을 세운 뒤 그것을 진심으로 실행에 옮기고 그 안에 탁월함과 꾸준함, 세심한 주의, 공감, 감사의 마음을 담는 것이다.

앞서 말했듯, 세일즈는 농사와 같다. 땅을 잘 갈고, 좋은 씨앗을 심고, 정성껏 물을 주고 잡초를 뽑으며 돌본다. 나머지는 신과 자연이 알아서 해줄 것이다. 하지만 씨를 심고 가꾸는 일만큼은 당신의 몫이다.

가치를 창조하라. 사람들의 삶을 변화시켜라. 연결을 만들어라. 본연의 모습으로 살아가라. 마음을 열어라.

심고 믿고 거두라.

감사의 말

책을 쓴다는 건 참 짜릿한 경험이면서도 절로 겸손해지는 여정이다. 얼마나 주변 사람들의 지혜와 인내, 따뜻한 유머와 관대함에 기대고 있는지 깨닫게 되기 때문이다. 운 좋게도 우리는 최고의 사람들과 함께하는 축복을 받았다. 이 자리를 빌려 모든 분께 깊은 감사와 존경을 전한다.

《더 기버 1》을 읽고, 핀다의 협력적 거래 원칙이 자신의 삶에 어떤 변화를 주었는지 생생하게 공유해준 기버 커뮤니티의 모든 구성원들에게 감사를 전한다.

이 책이 전하는 원칙이 살아 움직일 수 있도록 자기 삶의 일화와 사례를 들려준 친구들—질 아버, 사이먼 배럿,

헤더 바타글리아, 마크 벡포드, 댄 갤브레이스, 딕시 길래스피, 대니엘 어브, 매리앤 생클레어, 짐 헐버트, 마리 야쿠비악, 스베틀라나 김, 아네트 크라베크, 로라 H. 오그만디노, 길버트 멜럿, 테리 머피, 빌 포터, 비 샐러비, 제임스 P. 스미스, 알린 소런슨, 게이브 스트롬, 시빌 템친, 브라이언 톰킨스, 게리 바이너척, 조 비지와 르네 비지, 브래들리 월, 숀 우드러프―모두에게 깊은 고마움을 표한다.

매의 눈을 가진 편집자 에이드리엔 슐츠, 훌륭한 비전을 지닌 출판인 에이드리언 자크하임, 그리고 포트폴리오 Portfolio 출판사의 뛰어난 팀원들인 브룩 케리, 모린 콜, 닉 오언, 빌 바이서, 코트니 영에게 감사를 전한다.

댄 클레먼츠, 짐 로어바크, 질 바그너는 원고를 읽고 깊은 통찰과 꼭 필요한 비평을 들려주었다.

비범한 시나리오 작가이자 감독 피오나 애시와 인터넷 전문가 캐시 제이더의 탁월한 재능과 헌신에 감사를 전한다.

맥브라이드 리터러리 에이전시 McBride Literary Agency의 마거릿 맥브라이드, 도나 데구티스, 앤 봄케, 페이 애치슨은 단순한 에이전트를 뛰어넘어 최고의 편집자이자 코치, 조언자로서 내게 항상 초월적인 영감을 주었다.

우리의 친구이자 홍보계의 천재인 톰 스콧은 '기버'를 하나의 아이디어에서 살아 숨 쉬는 글로벌 커뮤니티로 바꾸는 데 힘을 보태주었다.

존의 아내이자 동반자, 절친인 애나 가브리엘 만의 다정함과 베푸는 마음씨도 기리고 싶다.

마지막으로 우리를 있게 해준 부모님, 마이크 버그와 메르너 버그, 앨프리드 만과 캐럴린 만에게 무한한 감사와 존경을 표한다.

옮긴이 | 조주희

일본 나고야대학교 법학부를 졸업한 뒤, 일본의 주요 금융 그룹의 지속가능성 기획실에서 일하고 있다. 현재 출판 번역 에이전시 글로하나에서 다양한 분야의 영미권 및 일본어권 도서를 번역하고 검토하면서 출판 번역가로도 활동 중이다. 옮긴 책으로는 《모든 새를 보았다고 믿은 남자》, 《당신이 잠든 사이의 뇌과학》 등이 있다.

더 기버 2

자동으로 사게 만드는 영향력의 법칙

개정판 1쇄 인쇄	2026년 3월 17일
개정판 1쇄 발행	2026년 3월 31일
지은이	밥 버그, 존 데이비드 만
옮긴이	조주희
책임편집	최안나
편집	송현주
디자인	studio forb
책임마케팅	최혜령, 박지수, 도우리, 양지환, 송지은, 박주미
마케팅	콘텐츠IP사업본부
해외사업	한승빈, 박고은
전자책	김주리
경영지원	백선희, 권영환, 이기경, 최민선, 강아현
제작	재영 P&B
펴낸이	서현동
펴낸곳	㈜오팬하우스
출판등록	2024년 5월 16일 제2024-000141호
주소	서울특별시 강남구 테헤란로 419, 11층(삼성동, 강남파이낸스플라자)
이메일	info@ofh.co.kr

ISBN 979-11-7577-197-0 (03190)